古文观止

[清] 吴楚材 [清] 吴调侯·编选

插圖精譯

陕西新华出版 三秦出版社

图书在版编目（CIP）数据

古文观止 /（清）吴楚材，（清）吴调侯编选．-- 西安：三秦出版社，2008.01（2024.1 重印）
（国学百部经典丛书）
ISBN 978-7-80546-297-4

Ⅰ．①古… Ⅱ．①吴… ②吴… Ⅲ．①古典散文—作品集—中国 Ⅳ．① H194.1

中国版本图书馆 CIP 数据核字（2007）第 188797 号

书　　名　古文观止
作　　者　［清］吴楚材　［清］吴调侯 编选
责　　编　高峰等
封面设计　新华智品

出版发行　三秦出版社
社　　址　西安市雁塔区曲江新区登高路 1388 号
电　　话　（029）81205236
邮政编码　710061
印　　刷　北京一鑫印务有限责任公司
开　　本　680×1020　1/16
印　　张　10
字　　数　130 千字
版　　次　2008 年 4 月第 2 版
印　　次　2024 年 1 月第 2 次印刷
标准书号　ISBN 978-7-80546-297-4

定　　价　39.80 元
网　　址　http://www.sqcbs.cn

前　言

《古文观止》是自清代以来最为流行的古代散文选本之一。最初刊行于康熙三十四年（1695年），是一部优秀的古文读物。自其刊行以来，颇受人们欢迎。流传之广，影响之大，令人惊叹。

《古文观止》的编选者吴楚材(名乘权)、吴调侯(名大职)为叔侄二人，生于浙江山阴(今绍兴市)。清吴兴祚在《古文观止序》中说：“会稽章子、习子，以古文课余子于三山之凌云处；维时从子楚材实左右之。楚材天性孝友，潜心力学，工举业，尤好读经史，于寻常讲贯之外，别有会心。与从孙调侯，日以古学相砥砺。调侯奇伟倜傥，敦尚气谊。本其家学，每思继序前人而光大之。二子才器过人，下笔洒洒数千言无懈漫，盖其得力于古者深矣。”二人的情况现在只能于此序中窥见一斑。“观止”二字，出自《左传·襄公十九年》：吴季札在鲁国赏周乐，至《韶》舞，赞叹：“德至矣哉！大矣”，认为无美不具，于是说：“观止矣。”书名为观止，意在力图选编达到尽善尽美，无以超越。

《古文观止》全书共12卷，收入上起周代下讫明末的历代文章222篇，论说抒情，写景状物，众体兼备，大体反映了先秦至明末散文发展的大致轮廓和主要面貌。其中包括《左传》34篇、《国语》11篇，《公羊传》3篇、《谷梁传》2篇、《礼记》6篇，《战国策》14篇。编者有意强化对汉代以前文章的份量，是为了使读者更清晰、更全面、更深入地了解中国古代散文的源本。对两汉的文章，编者比较重视司马迁的《史记》，汉文31篇，《史记》有14篇。唐代文章以“唐宋八大家”中的韩愈、柳宗元为主，分别选入24篇和11篇；宋文以欧阳修、苏轼为侧重点，分别选入13篇和12篇。秦文仅选李斯1篇，六朝文章选6篇，元代1篇未选，明代选入18篇。本书入选之文皆为语言精炼、短小精悍、便于传诵的佳作。本书亦有入选不当者，因为选编主要是着眼于考科举时做策论，故选入了一些八股气息浓郁的文章。但作为一种古代散文的入门书，仍然有其存在的价值。

《古文观止》所选的文章以汉唐二代为多，以散文为主，兼顾骈韵二体，而且文章的体裁多样，可谓广收博采，而又繁简适中，反映出编者眼光的细致和周到。在编排上，全书按时代先后分为7个时期，每个时期都有重点作家和作品。由此可以纵观古文发展的源流，也可以分析各个作家的不同风格。每篇文章又都有简要的评注，辅助读者理解文义，掌握行文的章法。加以入选的文章多属久经传诵的佳作，所以此书广为流行至今。

《古文观止》之前的古文选本，大多依据昭明太子萧统《文选》的体例，分类繁琐，常以条目为主线，阅读使用时都很不简便。《古文观止》则以时代为纲，作者为目，将作者的各类文体的作品集粹于一处，阅读方便，查看快捷，使读者对清代之前的散文史认识清楚，印象深刻。所以，《古文观止》的流行性与通俗性、权威性至今难以动摇，是青年首选的普及性古文选本。

囿于篇幅，我们从《古文观止》中遴选部分名篇佳作，附以注释和译文，使读者能够事半功倍地欣赏历代美文的风采。

编　者

2008年1月

目　录

郑伯克段于鄢……《左传》/ 1
曹刿论战……《左传》/ 5
子鱼论战……《左传》/ 7
介之推不言禄……《左传》/ 9
烛之武退秦师……《左传》/11
召公谏厉王止谤……《国语·周语上》/13
司马错论伐蜀……《战国策》/15
邹忌讽齐王纳谏……《战国策》/18
冯谖客孟尝君……《战国策》/20
触龙说赵太后……《战国策》/25
唐雎不辱使命……《战国策》/29
乐毅报燕王书……《战国策》/31
谏逐客书……李　斯 /37
五帝本纪赞……《史记》/42
项羽本纪赞……《史记》/44
太史公自序……《史记》/46
报任安书……司马迁 /52
过秦论（上）……贾　谊 /63
论贵粟疏……晁　错 /68
前出师表……诸葛亮 /73
后出师表……诸葛亮 /77
陈情表……李　密 /82
兰亭集序……王羲之 /85
归去来辞……陶渊明 /87
桃花源记……陶渊明 /90
滕王阁序……王　勃 /92
陋室铭……刘禹锡 /99

阿房宫赋……杜　牧 /100
师　说……韩　愈 /104
进学解……韩　愈 /107
柳子厚墓志铭……韩　愈 /111
捕蛇者说……柳宗元 /116
种树郭橐驼传……柳宗元 /119
岳阳楼记……范仲淹 /122
醉翁亭记……欧阳修 /124
秋声赋……欧阳修 /127
石钟山记……苏　轼 /130
前赤壁赋……苏　轼 /133
六国论……苏　辙 /137
黄州快哉亭记……苏　辙 /141
游褒禅山记……王安石 /144
卖柑者言……刘　基 /147
五人墓碑记……张　溥 /150

郑伯克段于鄢

《左传》

【题解】

《左传》原名《左氏春秋》，相传为春秋晚期鲁国史官左丘明所作。西汉后期古文经学家认为它是根据孔子《春秋》而作，是解释和阐明《春秋》的，故改称《春秋左氏传》，简称《左传》。这是我国第一部叙事详细的编年体著作，记载了上起鲁隐公元年、下至鲁哀公二十七年的历史事件，既是一部详细的历史著作，又是一部优秀的文学著作。

本篇选自《隐公元年》，记叙了春秋初期在郑国发生的一个历史事件。通过对姜氏、郑庄公和共叔段母子兄弟之间争权斗争的描写，刻画了郑庄公的阴险狡诈、姜氏的偏心狠毒以及共叔段的骄纵贪婪，揭露了郑国统治者内部尔虞我诈、互相倾轧的激烈的矛盾冲突。

【原文】

初，郑武公娶于申，曰武姜[1]。生庄公及共叔段。庄公寤生，惊姜氏，故名曰寤生，遂恶之。爱共叔段，欲立之。亟请于武公，公弗许。及庄公即位，为之请制[2]。公曰："制，岩邑也，虢叔死焉[3]。他邑唯命。"请京，使居之，谓之京城大叔[4]。

祭仲曰："都城过百雉，国之害也[5]。先王之制，大都，不过参国之一；中，五之一；小，九之一。今京不度，非制也，君将不堪。"公曰："姜氏欲之，焉辟害？"对曰："姜氏何厌之有！不如早为之所，无使滋蔓。蔓难图也。蔓草犹不可除，况君之宠弟乎！"公曰："多行不义必自毙，子姑待之。"

既而大叔命西鄙、北鄙贰于己。公子吕曰："国不堪贰，君将若之何？欲与大叔，臣请事之；

若弗与，则请除之，无生民心。”公曰：“无庸，将自及。”

大叔又收贰以为己邑，至于廪延[6]。子封曰：“可矣，厚将得众。”公曰：“不义不昵，厚将崩。”

大叔完聚，缮甲兵，具卒乘[7]，将袭郑，夫人将启之。公闻其期，曰：“可矣！”命子封帅车二百乘以伐京[8]。京叛大叔段，段入于鄢。公伐诸鄢。五月辛丑[9]，大叔出奔共。

书曰[10]：“郑伯克段于鄢。”段不弟，故不言弟。如二君，故曰“克”。称郑伯，讥失教也。谓之郑志，不言出奔，难之也。

遂置姜氏于城颍[11]，而誓之曰：“不及黄泉，无相见也！”既而悔之。颍考叔为颍谷封人[12]，闻之，有献于公。公赐之食，食舍肉。公问之，对曰：“小人有母，皆尝小人之食矣；未尝君之羹，请以遗之！”公曰：“尔有母遗，繄我独无！”颍考叔曰：“敢问何谓也？”公语之故，且告之悔。对曰：“君何患焉！若阙地及泉，隧而相见，其谁曰不然？”公从之。公入而赋：“大隧之中，其乐也融融！”姜出而赋：“大隧之外，其乐也泄泄！”遂为母子如初。

君子曰[13]，颍考叔，纯孝也。爱其母，施及庄公。《诗》[14]曰：“孝子不匮，永锡尔类。”其是之谓乎！

【注释】

〔1〕郑武公：庄公的父亲。武姜：武公之妻姜氏。申国为姜姓，在今河南南阳县。

〔2〕制：地名，在今河南巩县东。

〔3〕虢（guó）叔：东虢国的国君。公元前767年，郑灭东虢国。

〔4〕京：郑邑名，在今河南荥阳县东南。大，同太。

〔5〕祭（zhài）仲：郑国的大夫。雉：度量单位，城墙长三丈、高一丈为一雉。当时，城墙的长、高均根据爵位的不同而有不同的规定，不得违反。郑为伯级诸侯，城墙三百雉。它所属的都邑的城墙，大的不能超过国都的三分之一，即百雉，周长三百丈。

〔6〕廪延：郑邑名，在今河南延津县北。

〔7〕卒乘：卒，步兵。乘（shèng），兵车。

〔8〕子封：郑国大夫，即公子吕。春秋时都是车战，兵车一乘有带盔甲的兵士三人，步卒七十二人。二百乘，计甲士六百人，步卒一万四千四百人。

〔9〕辛丑：古人以干支纪日，五月辛丑即当年五月二十三日。

〔10〕书：指《春秋》。

〔11〕城颍：郑邑名，在今河南临颍县西北。

〔12〕颍考叔：郑大夫。颍谷：郑国边邑，在今河南登封县西南。封：疆界，封人，管理疆界的官。

〔13〕君子：作者的假托，《左传》习惯于假托“君子曰”来发表评论。

〔14〕《诗》：《诗经》。所引诗句见《大雅·既醉》。

【译文】

当初，郑武公的妻子是从申国娶来的，她的名字叫武姜。武姜生有庄公和共叔段。庄公出世时是脚先头后出生，很让武姜受了一番惊吓，于是就给他起名为“寤生”。从此一直讨厌他，而偏爱共叔段，并想把共叔段立为国君的继承人。多次请求过郑武公，但郑武公都没同意。等到庄公承袭了君位，武姜又请求把制这个地方封给共叔段。庄公说：“制，是个险要的城邑，虢叔就死在那里。你要其他地方，我都听你的。”武姜改要了一个叫京的地方，庄公便让共叔段住在那里，人们因而又称共叔段为“京城太叔”。

郑国大夫祭仲对庄公说：“大城市的城墙超过三百丈的话，就会给国家带来祸患。先王定下的规矩是，大都市不可超过首都的三分之一；中都市不可超过五分之一；小都市不可超过九分之一。现在京地不守这个规矩，这是制度所不能允许的，如果任其所为，你以后就可能难以遏制了。”庄公说：“这是武姜的想法，如果真有什么祸患的话，我又怎

虢叔旅钟　西周晚期，通高65.4厘米，铣距36厘米，鼓距26.6厘米，重34.6千克。这组编钟传世7件，北京故宫博物馆、上海博物馆、山东省博物馆、日本书道博物馆、日本泉层博物馆各藏一件。其余两件下落不明。

么能避开呢?”祭仲回答道:“武姜哪里有满足的时候,不如趁早另拨一块地方给共叔段,以免滋长他的野心。否则一任发展下去,再要阻止就很困难了。蔓生的野草都很难连根铲除,更何况共叔段是您所宠爱的弟弟呢!”庄公说:“不义的事情做多了,必然会自取灭亡。你就等着吧。”

此后不久,太叔果然让西部边境地区和北部边境地区在臣服庄公的同时,还要听命于他。郑国大夫公子吕便对庄公说:“一个国家是无法容忍一地两属的状况的,您打算怎么办呢?如果您准备让位于太叔,那就请允许我去服侍他好了;您如果不准备让位于他,那就请将他除掉,免得让民心生乱。”庄公说:“用不着费心,他将自食其果。”

太叔又把原来两属的地方完全收进了自己的封地,从而使他的势力扩展到了廪延。公子吕说:“可以反击了!他的土地扩展得越大,他得到的人也就越多。”庄公说:“他一不讲道义,二不讲亲善,土地越大,离他垮台的日子就越近。”

太叔修筑城池,聚积粮草,整饬兵甲,备办车马,打算偷偷进攻郑国,武姜则准备到时候为他们打开郑都的城门。庄公打听到他们发难的日子后,说:“可以动手了!”命令公子吕带领着二百辆战车去京地伐乱。京地的人们都起来反对共叔段,共叔段被迫逃亡到鄢地。庄公又追击到鄢地。五月二十三日,共叔段出逃到共国。

《春秋》上说:“郑伯克段于鄢。”共叔段不顺从兄长,所以这里不称其为弟。他的行为就像另一个国君,所以这里把对他的打击称之为“克”。称郑庄公为“郑伯”,是在讥讽他失去了对弟弟应有的教导。《春秋》上说庄公早有杀掉共叔段的意图,而又不说共叔段是被迫出奔,这是作者有要为王者掩饰的为难之处啊。

郑义伯𬭚　春秋前期,通高45.5厘米,口径14.7厘米,重9.66千克。

接着庄公又把武姜安置在城颍,而且发誓说:“不到黄泉,不再相见了。”不久,他又后悔发了这样的誓言。颍考叔是管理颍谷的官员,他听到庄公有所悔悟,便拿了些东西去进献给庄公。庄公赏赐他留下吃饭,而他总是把肉放下不吃。庄公不理解,就问他原因。他回答道:“小人有一个母亲,小人所吃的东西她都品尝过了,但从来没有尝过您的食物,请允许我送给她吧。”庄公说：“你有母亲可送，我却独独没有啊！”颍考叔说：“可以问问你说这话的意思吗？”庄公就告诉了他事情的原委，而且说明自己已有翻悔之意。颍考叔对他说：“这有什么可担心的呢?！如果从地上挖下去，一直挖到泉水涌现，再另挖一条隧道通往泉水，你母子在隧道相见，谁还能说是违背了誓言呢?”庄公听从了他。庄公走进隧道时赋诗说：“宽大的隧道中，乐在融洽。”武姜走出隧道时赋诗说：“宽大的隧道外，乐在畅快。”于是他们母子又和好如初。

君子说：颍考叔，孝心真纯厚啊。他热爱自己的母亲，又能将孝道推广到庄公。《诗经》中说：“孝子的孝心是无穷无尽的，世世代代赐给你的同类。”所说的就是这个意思吧。

曹刿论战

《左传》

【题解】

庄公十年，齐国进攻鲁国，由于有曹刿对自我力量的准确把握和对战争沉着镇定的指挥，结果鲁国大胜齐国。通过这一以弱胜强的战例，文章揭示出：忠实于民是战争的基础，士气盛衰是取胜的关键。

【原文】

齐师伐我，公将战[1]。曹刿请见。其乡人曰：“肉食者谋之，又何间焉?”刿曰：“肉食者鄙，未能远谋。”遂入见，问何以战。

公曰：“衣食所安，弗敢专也，必以分人。”对曰：“小惠未遍，民弗从也。”公曰：“牺牲玉帛，弗敢加也，必以信。”对曰：“小信未孚，神弗福也。”公曰：“小大之狱，虽不能察，必以情。”对曰：“忠之属也，可以一战。战，则请从。”

公与之乘，战于长勺[2]。公将鼓之，刿曰：“未可。”齐人三鼓，刿曰：“可矣！”齐师败绩。公将驰之，刿曰：“未可。”下视其辙，登轼而望之〔3〕，曰：“可矣！”遂逐齐师。

既克，公问其故。对曰：“夫战，勇气也。一鼓作气，再而衰，三而竭。彼竭我盈，故克之。夫大国，难测也，惧有伏焉。吾视其辙乱，望其旗靡，故逐之。”

【注释】

〔1〕我：《左传》以鲁国国君记年，所以称鲁国为“我”，称鲁国国君只用一“公”字，不加国名。这里“公”指鲁庄公。

〔2〕之：指曹刿。乘（chéng）：乘坐。长勺（sháo）：鲁国地名，在今山东曲阜以北。

〔3〕辙（zhé）：车轮的痕迹。轼（shì）：古代车厢前供人扶手的横木。

【译文】

齐国的军队攻打鲁国，鲁庄公将要迎战，曹刿请求接见。他的同乡人说：“那些吃肉的大官们考虑的事，你何必参与呢？”曹刿说：“大官们目光短浅，不能深思远虑。”于是入宫进见，问庄公靠什么迎战。

鲁庄公说：“衣物食品是人们所赖以生存的东西，我不敢独享，一定要分出一些给人。”曹刿回答说：“小恩小惠不能使人民普遍得到，人民不会跟从您。”鲁庄公又说：“祭祀的牲畜、玉器、帛币，用多少，说多少，并不敢妄说虚加，总要做得诚实可信。”曹刿回答说：“细微的信用不足以令神信服，神不会福佑的。”鲁庄公说：“大大小小的案子，虽不能件件查清，但一定要按实情去办。”曹刿回答说：“对人民的忠诚正表现在这类事情上，可以靠这点去打一仗了。打仗的时候，请让我跟随着你。”

鲁庄公与他同乘着一辆战车，在长勺作战。鲁庄公刚要击鼓进军，曹刿说：“不行。”待齐国人敲过三遍鼓之后，曹刿说：“可以了。”齐国军队大败。鲁庄公刚想催马追击，曹刿说：“不行。”他下车察看了齐军留在地上的车迹，又登上车前的横木向齐军瞭望，然后说：“可以了。”于是追击齐军。

春秋·战车

取胜以后，鲁庄公问他战胜的原因。他说："打仗，靠的是勇猛的士气。第一次击鼓振作士气，第二次击鼓士气有所衰退，第三次击鼓士气泄尽。对方的士气已衰竭而我方士气正盛，所以能打败他们。齐国是大国实力很难猜测，怕有伏兵。我看到他们轮印杂乱，望见他们旗帜倒下，所以才追击他们。"

子鱼论战

《左传》

【题解】

僖公二十二年，为确立霸主地位，宋国和楚国发生了泓水之战，由于宋襄公的指挥失误，结果宋军惨败而归。战后，宋襄公不但没有吸取教训，反而强词夺理，执迷不悟。针对他的错误指挥和愚蠢认识，子鱼对他进行了逐层反驳，同时指出了战争的取胜之道。文章对宋襄公的假仁假义和愚昧无知进行了嘲讽和鞭挞。

【原文】

楚人伐宋以救郑[1]。宋公将战，大司马固谏曰[2]："天之弃商[3]久矣，君将兴之，弗可赦也已！"弗听。

及楚人战于泓[4]。宋人既成列，楚人未既济，司马曰："彼众我寡，及其未既济也，请击之。"公曰："不可。"既济而未成列，又以告。公曰："未可。"既陈而后击之，宋师败绩。公伤股，门官歼焉[5]。国人皆咎公。公曰："君子不重伤，不禽二毛[6]。古之为军也，不以阻隘也。寡人虽亡国之余[7]，不鼓不成列。"子鱼曰："君未知战。勍敌之人，隘而不列，天赞我也。阻而鼓之，不亦可乎？犹有惧焉。且今之勍者，皆吾敌也。虽及胡耇[8]，获则取之，何有于二毛？明耻、教战，求杀敌也。伤未及死，如何勿重？若爱重伤，则如勿

伤；爱其二毛，则如服焉。三军以利用也，金鼓以声气也。利而用之，阻隘可也。声盛致志，鼓儳可也[9]。”

【注释】

〔1〕楚人伐宋以救郑：鲁僖公二十二年夏，宋襄公为了与楚成王争霸，出兵攻打依附楚国的郑国。楚国为了救郑，于是派兵伐宋。宋：西周建立后封商王纣的庶兄微子启于宋，建都商丘（河南商丘南）。郑：国名，在今河南新郑。

〔2〕宋公：宋襄公，名兹父，宋国国君。曾企图与楚争霸。大司马：掌管军政、军赋的官职。固：人名，即公孙固。

〔3〕商：宋为商人后裔，所以商即宋。

〔4〕泓：泓水，在今河南柘（zhé）城西。

〔5〕门官：一种意见认为，门官即门子，由卿大夫的子弟充任，实即亲军侍卫。

〔6〕二毛：头发有两种颜色的毛发，这里指头发花白的敌人。

〔7〕亡国之余：商为西周所灭，宋为商人后裔，所以说是“亡国之余”。

〔8〕胡耇（gǒu）：老寿的人。

〔9〕儳（chán）：指军队进退混乱，不成阵列。

【译文】

楚国攻打宋国援救郑国。宋襄公准备迎战，大司马公孙固规劝说：“上天抛弃商朝很久了，您要复兴它，可是罪在不赦啊！”宋襄公不听。

与楚人在泓水作战。宋国人已经排好了迎敌的阵列，而楚国人还未全部过河。公孙固说：“对方人多，我们人少，乘他们没有全部过河，请打击他们。”宋襄公说：“不行。”等到楚军虽过了河，但尚未排好队列的时候，公孙固又把出击的请求告诉了宋襄公，宋襄公说：“不行。”等到楚军摆好了队列，然后才出兵打它，宋军大败。宋襄公被打伤了大腿，连他的侍卫官也被歼灭了。京都的人都怪罪宋襄公，宋襄公说：“君子不重复打击已经负伤的人，不抓捕头发花白的人。古代指挥军队，不靠利用狭隘的地势阻击敌人。我虽然是已经灭亡了的商朝的后代，但也不攻击没摆好军阵的敌兵。”他的哥哥子鱼说：“您不懂打仗。强大的敌人身处狭隘之地，而且没有部署好军队、阵形，这是上天在保佑帮助我们啊。阻挡住它，而且打击它，难道不可以吗？即便是这样，仍然还有许多可怕的危险啊。更何况今天的强者，都是我们的敌人。即使已是高龄之人，也应该捕获，对那些头发花白的人又有什么理由不去抓捕呢？懂得耻辱，教会作战，为的是奋勇杀敌。对虽然已经负伤，但并未致命的敌人，怎么就不能再打击他们一次呢？如果你舍不得再打击他们一次，那还不如根本就不要去打伤他们；如果怜惜那些头发花白的人们，那还不如就此向他们投降。三军依靠的是有利于自己的时机去作战，鸣锣击鼓是利用它们的声音来振作将士们的士气。有利于作战的时候，就要善于抓住时机而用之。所以，利用狭隘的地势阻击敌人，是完全可以的。声音洪亮了，可以激发起高昂的斗志。所以，击鼓打击尚未成列的敌军，这也是可以的。”

介之推不言禄

《左传》

【题解】

晋公子重耳被迫流亡国外十九年，最后终于在秦穆公的帮助下登上君位，是为晋文公。晋文公即位后就对跟随他一起流亡的人进行赏赐，唯独介之推不愿求赏，他认为晋文公得到君位，这是天意如此，与臣下无关，所以不应该贪天之功为己功，于是决定和母亲一起隐居起来。文章表达了介之推对天命的迷信和对争功求赏者的不满。本文选自《僖公二十四年》。

【原文】

晋侯赏从亡者，介之推不言禄，禄亦弗及。

推曰：“献公之子九人，唯君在矣。惠、怀无亲[1]，外内弃之。天未绝晋，必将有主。主晋祀者，非君而谁？天实置之，而二三子以为己力，不亦诬乎？窃人之财，犹谓之盗，况贪天之功以为己力乎？下义其罪，上赏其奸；上下相蒙，难与处矣。”其母曰：“盍亦求之？以死，谁怼[2]？”对曰：“尤而效之，罪又甚焉。且出怨言，不食其食。”其母曰：“亦使知之，若何？”对曰：“言，身之文也；身将隐，焉用文之？是求显也。”其母

曰：“能如是乎？与汝偕隐。”遂隐而死[3]。晋侯求之不获，以绵上为之田，曰：“以志吾过，且旌善人。”

【注释】

〔1〕惠、怀：惠，晋惠公，名夷吾。怀，晋怀公，名圉，惠公的儿子。

〔2〕怼（duì）：怨恨。

〔3〕遂隐而死：据传说，晋文公为使介之推离开隐居地，放火烧山。他不愿出来而被烧死。

【译文】

晋文公赏赐曾跟随他逃亡过的人，介之推没有说自己要什么俸禄，俸禄也就没分配给他。

介之推说：“晋献公的儿子共有九个，现在只有您还活着。晋惠公、晋怀公没有亲近的人，国内国外都嫌弃他们。上天无意灭绝晋国，一定会有君主出现，现在主事晋国祭祀的，非您又是谁呢？这是上天在扶持您，而那两三个人却以为是靠了自己的力量，这不也是欺骗么？偷窃别人钱财，被说成是盗贼，更何况把上天的功劳当做自己的呢？下面的人把自己的罪恶当做符合道德的行为，上面的人又对他的奸邪给予奖赏，上下相互欺骗，我难与他们相处啊。”他的母亲说：“何不也去求赏赐呢？这死了，能埋怨谁呢？”介之推回答说：“明知不对，又学着去做，罪过就更大了。而且，既然已经口出怨言，就更不能吃他给的饭了。”他的母亲说：“那也应该让他们知道一下，怎么样？”介之推回答说：“言语是人身的修饰物；身体都要隐藏起来了，哪里还用得着再去修饰它呢？这样做，不过还是为了追求显耀啊。”他的母亲说：“你能像所说的这样去做吗？我和你一起隐居吧。”于是，一直隐居到死。晋文公寻他而不可得，就把绵上做为他的封地，说：“以此记录我的过失；另外，也表彰了这个好人。”

烛之武退秦师

《左传》

【题解】

烛之武利用秦、晋、郑三国的利害关系打动秦穆公，利用秦晋之间的历史积怨为他敲起警钟。措辞处处为秦国着想，而实质却以保全郑国为最终目的，句句在理，字字真切，终于促使秦国和郑国订立盟约，帮助戍守郑国。本文选自《僖公三十年》。

【原文】

晋侯、秦伯围郑[1]，以其无礼于晋，且贰于楚也[2]。晋军函陵，秦军氾南[3]。佚之狐言于郑伯曰[4]：“国危矣！若使烛之武[5]见秦君，师必退。”公从之。辞曰：“臣之壮也，犹不如人；今老矣，无能为也已！”公曰：“吾不能早用子，今急而求子，是寡人之过也。然郑亡，子亦有不利焉！”许之。

夜，缒而出。见秦伯，曰：“秦、晋围郑，郑既知亡矣。若亡郑而有益于君，敢以烦执事！越国以鄙远，君知其难也。焉用亡郑以陪邻？邻之厚，君之薄也。若舍郑以为东道主，行李之往来，共其乏困，君亦无所害。且君尝为晋君赐矣，许君焦、瑕，朝济而夕设版焉，君之所知也[6]。夫晋，何厌之有？既东封郑，又欲肆其西封。若不阙秦，将焉取之？阙秦以利晋，唯君图之！”

秦伯说，与郑人盟，使杞子、逢孙、扬孙戍之，乃还。子犯请击之[7]，公曰：“不可。微夫人之力不及此。因人之力而敝之，不仁；失其所与，不知；以乱易整，不武。吾其还也。”亦去之。

【注释】

〔1〕晋侯：指晋文公重耳。秦伯：指秦穆公。

〔2〕无礼于晋：指重耳流亡路过郑国时，郑文公不按礼节接待他。贰于楚：鲁僖公二十八年，晋、楚城濮之战前，郑文公派兵支援楚国，准备联合对晋作战。

〔3〕函陵：郑地名，在今河南新郑以北。氾南：氾，水名，这里指东氾水，在今河南中牟县南。该水早已湮涸。

〔4〕郑伯：郑文公。

〔5〕烛之武：郑国大夫。

〔6〕许君焦、瑕：晋惠公曾由秦穆公派兵护送回国即君位，当时应允割焦、瑕等地给秦，以为酬谢。但惠公后来背弃了前言。

〔7〕子犯：晋文公的舅父。之：指秦兵。

【译文】

晋文公、秦穆公出兵围攻郑国，因它对晋国无礼，而且在与晋国交好的同时，又私下对晋国的敌人楚国表示友好。晋军驻在函陵，秦军驻在氾南。郑国大夫佚之狐对郑文公说："国家很危险了！如果派烛之武去见秦国的国君，秦国的军队必定撤退。"郑文公听从了他的话。烛之武辞谢说："我在壮年的时候，还比不上别人；现在老了，无能为力啊！"郑文公说："我不能早早用你，今日情急而求你，这是我的罪过啊。然而，郑国灭亡了，你也有所不利啊！"烛之武答应了他。

深夜，烛之武用绳子吊出城墙。他见到秦穆公后说："秦国与晋国围攻郑国，郑国已明白自己将会灭亡。如果灭亡了郑国而有利于您，那就斗胆麻烦您左右的人动手吧。跨越晋国，把秦国的边界置于远方，您也知道这有多大的困难。怎么可以用灭亡郑国来扩大邻国的疆土呢？邻国越雄厚，您就越薄弱。如果饶恕了郑国，并且把它做为东边大道上的主人，那么秦国使节来往时，我们就可以供给他短缺的东西，您并没有损失什么。何况，您曾经对晋王赏赐过好处，他答应把焦、瑕两地给您。可是，晋王早晨渡过河去，晚上就筑城来防备您，这是您所知道的吧。晋国，哪里有满足的时候呢？它既然能把郑国当成自己东边的国境，那就会肆意扩大他西边的国境。如果不损害秦国，又将从何而取呢？损害秦国来壮大晋国，就请您认真想想吧。"

秦穆公很高兴，便与郑国订立了盟约，派杞子、逢孙、扬孙守卫那里，自己就回去了。晋国大夫子犯请晋文公追击秦军，晋文公说："不行。没有那人的力量，我今天也到不了这一地位。依靠了别人的力量，而后又伤害他，这是不仁义；失去了自己所结盟的力量，这是不明智；利用混乱去改变已有的协调，这并不是威风。我还是回去吧。”于是，也离开了郑国。

召公谏厉王止谤

《国语·周语上》

【题解】

《国语》传为春秋时左丘明著。二十一卷。以记载西周末年和春秋时期周鲁等各国贵族的言论为主，可与《左传》相参证，故有《春秋外传》之称。

周厉王暴虐残忍，用肆意杀戮的方式压制国人的批评。召公用“防民之口，甚于防川”的道理规劝厉王，可厉王一意孤行，终于遭到国人的流放。召公的谏辞只中间一段切入正题，前后都是比喻，前面用比喻说明“防民之口”的害处，后面用比喻说明“宣之于口”的好处。比喻与正题有机结合，夹和成文，笔意纵横。

【原文】

厉王虐，国人谤王。召公告曰：“民不堪命矣！”王怒，得卫巫，使监谤者，以告，则杀之。国人莫敢言，道路以目。王喜，告召公曰：“吾能弭谤矣，乃不敢言。”召公曰[1]：“是障之也！防民之口，甚于防川；川壅而溃，伤人必多；民亦如之。是故为川者决之使导，为民者宣之使言。故天子听政，使公卿至于列士献诗，瞽献曲，史献书，师箴，瞍赋，矇诵，百工谏，庶人传语，近臣尽规，亲戚补察，瞽、史教诲，耆、艾修之，而后王斟酌焉，是以事行而不悖[2]。”“民之有口也，犹土之有山川也，财用于是乎出；犹其有原隰衍沃也，衣食于是乎生。口之宣言也，善败于是乎兴，行善而备败，所以阜财用、衣食者也[3]。夫民虑之于心而宣之于口，成而行之，胡可壅也？若壅其口，其与能几何？”

王弗听，于是国人莫敢出言，三年，乃流王于彘[4]。

【注释】

〔1〕鄣：同“障”，防止，阻塞。

〔2〕瞽：盲人。这里是指乐官太师。史：史官。师：少师。低于太师的乐官。瞍：无瞳仁的盲人。矇：有瞳仁而看不见东西的盲人。百工：各种工匠。庶人：平民。耆、艾：年高有德的人。

〔3〕兴：起。引申为反映。阜：丰富、增多。

〔4〕彘（zhì）：在今山西霍县境内。

【译文】

周厉王非常暴虐，国都的人都纷纷斥责他。召公告知他说：“人民不能忍受目前的苦命。”厉王十分恼怒，找来卫国的巫师，派他去监视斥责自己的人。斥责的人一旦被告发，就被杀害。国都的人再也没有谁敢说话了，即使在路上互相碰见了，也只能以目示意，而不敢开口。厉王听说再也没有人斥责他了，得意洋洋，便告诉召公说：“我能阻止国人的斥责了。他们再也不敢说我的坏话了。”召公说：“这是捂住了人民的嘴巴。捂人民的嘴巴，这比堵河水还危险。河水被堵住，就四处泛滥，这样，伤人必定很多。捂人民的嘴巴，也是如此。所以，治河的人开掘河道，导引水流循道而流。治民的人宣导人民，使他们说心里话。所以，天子处理政事，教公卿以至于列士进献劝谏的诗篇，教乐师献上反映民意的乐章，教史官进献记载古代政事的书籍，少师进箴言，瞎子朗诵诗歌，睁眼瞎子吟咏经典，各种匠人劝谏，下层人传话，左右近臣尽力规劝，亲戚补过察政，太师太史教诲，年高德劭的师傅修正他；然后，王才推敲思考行事。所以，凡事畅行无阻，皆合

事理。”“人民有嘴巴，像土地有山有河，财富用品都从这里生产；又像土地有高原、洼地、平川和沃野，穿吃从这里出产。嘴巴是用来说话，政事从这里反映。实行好的，防备坏的，用它来增加人民所需要的财产、用品、衣服、食物。人民，在心里考虑，从口里说出来，应当成全他们而听取和实施其意见，怎么能够堵塞他们的嘴巴呢？这样，能维持多久呢？”

厉王不听，因而国都的人都不敢说话。过了三年，厉王被流放到彘地。

司马错论伐蜀

《战国策》

【题解】

《战国策》，战国时游说之士的策谋和言论的汇编。最初有《国策》《事语》《短长》《长书》《修书》等名称和本子，西汉末刘向编订为三十三篇。

本文选自《秦策一》，记述了司马错和张仪之间的一场争论。张仪主张挥师东进，伐韩劫周，挟天子以令诸侯。希望在短期建立王业，表现出一种急功近利的思想，这与秦国当时的实际不符。司马错则坚持应该避难就易。先伐巴蜀，增强国力，再图进取，否则，陷入矛盾之中，激发诸侯的愤怒，联手抗秦，必然对秦不利。司马错的意见切合实际，所以为秦惠王所采纳，为日后统一天下奠定了基础。秦惠王平时对张仪言听计从，这次却听从了司马错的意见，可见是一个识时务者。

【原文】

司马错与张仪争论于秦惠王前[1]。司马错欲伐蜀，张仪曰：“不如伐韩。”王曰：“请闻其说。”

对曰：“亲魏善楚，下兵三川，塞轘辕、缑氏之口，当屯留之道[2]；魏绝南阳[3]，楚临南郑[4]，秦攻新城、宜阳[5]，以临二周之郊，诛周主之罪，侵楚、魏之地。周自知不救，九鼎宝器必出[6]。据九鼎，按图籍，挟天子以令天下，天下莫敢不听，此王业也。今夫蜀，西僻之国而戎狄之长也。敝名劳众，不足以成名；得其地，不足以为利。臣

闻：‘争名者于朝，争利者于市。’今三川、周室，天下之市朝也。而王不争焉，顾争于戎狄，去王业远矣。”

司马错曰：“不然。臣闻之：欲富国者，务广其地；欲强兵者，务富其民；欲王者，务博其德；三资者备，而王随之矣。今王之地小民贫，故臣愿从事于易。夫蜀，西僻之国也，而戎狄之长也，而有桀、纣之乱，以秦攻之，譬如使豺狼逐群羊也。取其地，足以广国也；得其财，足以富民。缮兵不伤众，而彼已服矣。故拔一国，而天下不以为暴；利尽西海，诸侯不以为贪。是我一举而名实两附，而又有禁暴止乱之名。今攻韩劫天子，劫天子，恶名也，而未必利也，又有不义之名，而攻天下之所不欲，危！臣请谒其故：周，天下之宗室也；齐，韩、周之与国也。周自知失九鼎，韩自知亡三川，则必将二国并力合谋，以因乎齐、赵而求解乎楚、魏，以鼎与楚，以地与魏，王不能禁。此臣所谓‘危’，不如伐蜀之完也。”

惠王曰：“善！寡人听子。”卒起兵伐蜀，十月取之，遂定蜀。蜀主更号为侯，而使陈庄相蜀。蜀既属，秦益强富厚，轻诸侯。

【注释】

〔1〕张仪：战国时魏人，秦惠文君十年（前328）任秦相，并帮助秦惠文君称王。

〔2〕三川：战国时郡名。因境内有伊水、洛水、黄河三水而得名。轘辕：山名，在今河南偃师东南，因山势盘旋险阻，故名。缑（gōu）氏：山名，在今河南偃师境。屯留：地名，在今山西省东南部。

〔3〕南阳：在今河南省焦作一带。

〔4〕南郑：在今陕西省西南部汉江上游。

〔5〕新城：在今河南伊川西南。宜阳：在今河南省西部，洛河中游。

〔6〕九鼎：古代象征国家政权的传国宝器。相传“禹收九牧之金，铸九鼎，象九州”（《史记·武帝纪》）。

【译文】

司马错和张仪在秦惠王面前展开争论。司马错主张进攻蜀国，张仪说：“不如进攻韩国。”秦惠王说：“请让我听听你们各自的理由吧。”

张仪回答道：“我们先和魏国、楚国亲近友好，结成同盟，然后出兵伊水、洛水、黄河三川之地，堵塞轘辕、缑氏两个重要的隘口，挡住屯留险要的道路，魏国断绝南阳，楚国兵临南郑，秦国攻打新城、宜阳，直到兵临东西二周都城的近郊，声讨周国君主的罪行，侵削楚国、魏国的土地。这样的话，周国君主自知无法挽救，定会献出传国之宝九鼎的。秦国凭借九鼎，依据地图户籍，挟持周天子以号令天下，天下没有敢于抗拒的，这才是帝王的大业啊！如今蜀国只是西部偏僻的国家，西北少数民族的领袖。进攻蜀国，即使使军队疲惫，百姓劳累，也谈不上建立什么威名；即便占据蜀国领土，也谈不上得到什么利益。我曾听说，争夺威名要到朝廷去争，争夺利益要到市场去争。现在三川之地和周王室，就是天下的市场和朝廷，而大王不在这里争夺，反而去争夺戎狄，这与建立帝王之业相去太远了！”

司马错道：“不对！我听说：想使国家富裕，必须开拓国家疆土；想使军队强大，必须使人民富足；想建立帝王之业，必须博施德政。只有这三者都具备了，王业才会随之而来。现在大王统治的国家，地方小，百姓穷，所以我希望先办容易的事情。蜀国是西部偏僻的国家，西北少数民族的领袖，然而朝政却像夏桀、商纣时一样昏乱，以秦国的国力攻打它，就好像驱使豺狼追逐羊群一般。取得蜀国的地盘，足以使秦国的疆土扩大；得到蜀国的资财，足以使秦国的百姓富足。只要修整军队，而不伤及民众，蜀国就已降服。所以，攻取一国，而天下人不认为我们残暴，获得戎狄的全部资财，各国诸侯不认为我们贪婪。这样，我们就可一举两得，名利双收，而且还会取得禁除暴虐、制止昏乱的名声。现在却想攻打韩国，劫持周天子。就劫持周天子而言，这是只会招致人们唾弃的恶名，即使这样，也未必得到什么好处，而且还有不义的名声；而攻打天下人都不希望攻打的地方，这实在是太危险。我请求大王允许我

说明其中的缘故吧。周朝是天下诸侯国国君的宗室；韩国是周朝结交的友好国家。如果周朝知道自己会失去九鼎，韩国知道自己会丧失三川之地，那么，他们一定会团结一致，齐心协力，以对付秦国，而且还会背靠齐国、赵国，并向楚国、魏国求救。如果周朝把九鼎给楚国，韩国把三川之地给魏国，大王制止不了他们这样，这就是我所说的伐韩危险的缘故。相比之下，不如进攻蜀国才是万全之策啊！”秦惠王说：“好！我听从您的建议。”

秦国最终起兵伐蜀。用了十个月时间攻取蜀地，于是蜀国被平定。将蜀国君主的称号更改为侯，又委任秦国大臣陈庄为蜀相。蜀国既已附属于秦国，秦国就更加强大了，因而就更轻视诸侯各国了。

邹忌讽齐王纳谏

《战国策》

【题解】

本文选自《齐策一》，这是一则脍炙人口的故事。齐国大臣邹忌不及徐公漂亮，但妻、妾、客都称赞他胜过徐公，从这一普通生活经历中，他悟出了一个深层的道理：不要在赞美声中自我陶醉。于是他以此作喻讽谏齐王，规劝齐王广开言路，虚心纳谏。因为比喻得当，使道理浅显明白，易于接受，齐国也果然因此而天下大治。文章构思巧妙，比喻确切，语言幽默，形象生动，对我们现在仍有启示意义。

【原文】

邹忌修八尺有余〔1〕，而形貌昳丽〔2〕。朝服衣冠，窥镜，谓其妻曰：“我孰与城北徐公美？”其妻曰：“君美甚，徐公何能及君也！”城北徐公，齐国之美丽者也。忌不自信，而复问其妾曰：“吾孰与徐公美？”妾曰：“徐公何能及君也！”旦日，客从外来，与坐谈，问之：“吾与徐公孰美？”客曰：“徐公不若君之美也！”明日，徐公来。熟视之，自以为不如。窥镜而自视，又弗如远甚。暮，寝而思之，曰："吾妻之美我者，私我也；妾之美我者，畏我也；客之美我者，欲有求于我也。"于是入朝见威王，曰："臣诚知不如徐公美；臣之妻私臣，臣之妾畏臣，臣之客欲有求于臣，皆以美于徐公。今齐地方千里，百二十城，宫妇左右莫不私王，朝廷之臣莫不畏王，四境之内莫不有求于王。由此观之，王之蔽甚矣！"王曰："善。"乃下令："群臣吏民能面刺寡人之过者，受上赏；上书谏寡人者，受中赏；能谤议于市朝，闻寡人之耳者，受下赏。"令初下，群臣进谏，门庭若市；数月之后，时时而间进〔3〕；期年之后〔4〕，虽欲言，无可进者。燕、赵、韩、魏闻之，皆朝于齐。此所谓战胜于朝廷。

【注释】

〔1〕修：长。八尺：战国时一尺约合现在七寸多。

〔2〕昳（yì）丽：神采焕发，容貌美丽。

〔3〕间（jiàn）：间隔。

〔4〕期（jī）年：一周年。

【译文】

邹忌身长八尺有余，容貌光艳美丽。有一天早晨，他穿好了衣服，戴好了帽子，照着镜子，问妻子道："我和城北的徐公相比，哪一个更美？"他的妻子回答道："您比徐公美多了，徐公怎么能比得上您呢？"城北的徐公是齐国的美男子。邹忌自己不太相信妻子说的话，又问妾道："我和徐公相比，哪一个更美？"妾回答道："徐公怎么能比得上您呢？"等到天亮的时候，有个客人从外地前来拜访，邹忌与客人坐下谈话时，问客人道："我和徐公相比哪一个更美？"客人回答道："徐公不如您美。"第二天，徐公来拜访。邹忌仔细观看徐公，自以为不如徐公美。再照着镜子审视自己，更觉得和徐公比起来相差太远了。到了晚上，他躺在床上，想着妻子、妾、客人之所以赞美他的缘故，他想道："我的妻子之所以赞美我，是由于偏爱我；妾之所以赞美我，是由于畏

惧我；客人之所以赞美我，是由于有求于我。”于是邹忌入朝去拜见齐威王，他对威王说道：“我的确知道自己不如徐公美，然而我的妻子偏爱我，我的妾畏惧我，我的客人有求于我，都认为我比徐公美。现在齐国的土地方圆千里，有一百二十座城池，后宫的嫔妃和您左右的侍从，没有不偏爱您的；朝廷里的大臣，没有不畏惧您的；全国的百姓，没有不有求于您的。由此看来，您所受到的蒙蔽严重极了。”齐威王说道：“您说得很正确。”于是齐威王下了一道命令：“所有的大臣、官吏和百姓，如果能当面指责我的错误的，授予上等奖赏；如果能上书劝谏我的，授予中等奖赏；如果能在集市上和朝廷里公开指责和议论我的错误而又传入我的耳朵的，授予下等奖赏。”这道命令刚开始下达时，群臣进谏的很多，门庭若市。过了几个月以后，进谏的就时断时续，不如以前那样多了。一年以后，虽然还有人想进言，但是却没有什么可以值得进谏的了。燕、赵、韩、魏等诸侯国的国君听说这件事后，都来齐国朝见威王。这就是所谓的：不费一兵一卒，而只要朝政治理得好，就可以战胜对手。

冯谖客孟尝君

《战国策》

【题解】

本文选自《齐策四》。冯谖出身贫寒，寄食于孟尝君门下，三次弹铗表达了冯谖的不甘寂寞和孟尝君的养士诚意。从此冯谖尽心竭力维护孟尝君的政治地位和利益。通过焚券市义、结交梁国迫齐王就范、立宗庙于薛，生动刻画出一个深谋远虑、纵横捭阖的策士形象，充分表现了冯谖的政治远见和政治才能。同时也反映了士这一阶层在当时历史条件下所起的作用，揭示出当时社会的世态人情。通篇写来，波澜层出，姿态横生，使冯公形象跃然纸上，令失意之士顿生豪气。

【原文】

齐人有冯谖者，贫乏不能自存，使人属孟尝君[1]，愿寄食门下。孟尝君曰："客何好？"曰："客无好也。"曰："客何能？"曰："客无能也。"孟尝君笑而受之，曰："诺。"左右以君贱之也[2]，食以草具[3]。

居有顷，倚柱弹其剑，歌曰："长铗归来乎，食无鱼！"左右以告。孟尝君曰："食之，比门下之客。"居有顷，复弹其铗，歌曰："长铗归来乎，出无车！"左右皆笑之，以告。孟尝君曰："为之驾，比门下之车客。"于是乘其车，揭其剑，过其友曰："孟尝君客我。"后有顷，复弹其剑铗，歌曰："长铗归来乎，无以为家！"左右皆恶之，以为贪而不知足。孟尝君问："冯公有亲乎？"对曰："有老母。"孟尝君使人给其食用，无使乏。于是冯谖不复歌。

后孟尝君出记，问门下诸客："谁习计会？能为文收责于薛者乎[4]？"冯谖署曰："能。"孟尝君怪之，曰："此谁也？"左右曰："乃歌夫'长铗归来'者也。"孟尝君笑曰："客果有能也，吾负之，未尝见也。"请而见之，谢曰："文倦于是，愦于忧，而性懧愚，沉于国家之事，开罪于先生。先生不羞，乃有意欲为收责于薛乎？"冯谖曰："愿之！"于是约车治装，载券契而行。辞曰："责毕收，以何市而反[5]？"孟尝君曰："视吾家所寡有者。"驱而之薛，使吏召诸民当偿者，悉来合券。券遍合，赴矫命，以责赐诸民，因烧其券，民称万岁。长驱到齐，晨而求见。孟尝君怪其疾也，衣冠而见之，曰："责毕收乎？来何疾也？"曰："收毕矣。""以何市而反？"冯谖曰："君云'视吾家所寡有者'，臣窃计，君宫中积珍宝，狗马实外厩，美人充下陈，君家所寡有者以义耳！窃以为君市义。"孟尝君曰："市义奈何？"曰："今君有区区之薛，不拊爱子其民，因而贾利之。臣窃矫君命，以责赐诸民，因烧其券，民称万岁。乃臣所以为君市义也。"孟尝君不说，曰："诺！先生休矣！"

后期年，齐王谓孟尝君曰："寡人不敢以先王之臣为臣。"孟尝君就国于薛，未至百里，民扶老携幼，迎君道中，终日。孟尝君顾谓冯谖："先生所为文市义者，乃今日见之。"冯谖曰："狡兔有三窟，仅得免其死耳。今有一窟，未得高枕而卧也。请为君复凿二窟。"孟尝君予车五十乘，金五百斤，西游于梁，谓梁王曰："齐放其大臣孟尝君于诸侯，先迎之者，富而兵强。"于是梁王虚上位，以故相为上将军，遣使者，黄金千斤，车百乘，往聘孟尝君。冯谖先驱，诫孟尝君曰："千金，重币也；百乘，显使也。齐其闻之矣！"梁使三反，孟尝君固辞不往也。

齐王闻之，君臣恐惧，遣太傅赍黄金千斤，文车二驷，服剑一，封书谢孟尝君曰："寡人不祥，被于宗庙之祟，沉于谄谀之臣，开罪于君。寡人不足为也，愿君顾先王之宗庙；姑反国统万人乎！"冯谖诫孟尝君曰："愿请先王之祭器，立宗庙于薛。"庙成，还报孟尝君曰："三窟已就，君姑高枕为乐矣。"孟尝君为相数十年，无纤介之祸者，冯谖之计也。

【注释】

〔1〕属（zhǔ）：通"嘱"，请托。

〔2〕左右：指孟尝君身边办事的人。
〔3〕食（sì）：用作动词，拿东西给人吃。草具：粗劣的食物。
〔4〕责（zhài）：通“债”。
〔5〕反：同“返”。

【译文】

齐国有个叫冯谖的人，由于生活贫穷，不能养活自己，托人转达孟尝君，愿意寄居在孟尝君门下做食客。孟尝君问道：“客人有什么爱好？”回答说：“客人没有什么爱好。”孟尝君又问道：“客人有什么才能？”回答说：“客人没有什么才能。”孟尝君笑着答应了这件事，说道：“好吧。”左右的人因为孟尝君瞧不起冯谖，于是就只给他吃粗劣的食物。

在孟尝君门下住了不久，冯谖靠柱敲弹剑把唱道：“长长的剑把咱们还是回去吧！这里供给的食物连鱼都没有。”左右的人听到了，就告诉了孟尝君。孟尝君说：“给他吃的食物按照门下客人的待遇。”不久，冯谖又敲弹剑把唱道：“长长的剑把咱们还是回去吧！住在这里，出去连车都没有。”左右的人听了都讥笑他，又告诉了孟尝君。孟尝君说：“给他配备车子，按照门下客人的待遇。”于是，冯谖坐着车子，举着宝剑，去拜访他的朋友，说道：“孟尝君以食客的待遇款待我。”其后不久，又敲弹起剑把唱道：“长长的剑把咱们还是回去吧！住在这里，却得不到可以供养家里的东西。”左右的人听了都厌恶他，认为他贪婪不知足。孟尝君得知此事就问左右说：“冯公有父母吗？”左右的人回答说：“有个老母亲。”孟尝君遂派人供给他母亲吃的和用的，不让她缺吃少用。此后，冯谖就不再弹唱了。

弹铗而歌

后来孟尝君拿出账簿，向门下所有的食客询问道：“谁熟悉会计一事？能替我到薛地去收债？”冯谖就在上面签上了自己的名字道：“我能办理。”孟尝君见了感到很奇怪，问：“这是哪一位？”左右的人回答说：“这就是唱‘长长的剑把啊咱们还是一起回去吧’的那一位。”孟尝君听了笑着说道：“这个客人果然有才能。我

齐萦姬盘　通高15厘米，宽55.5厘米，重11.39千克。内铸铭文：齊縈姬之嫱作寶盤。其眉壽萬年無疆，子子孫孫永寶之。

慢待他了，还不曾和他见过面。”于是请冯谖来相见，向他谢罪道：“我被公务搞得身体疲倦，被忧虑弄得心思烦乱，而我生性懦弱愚昧，埋头于国家大事之中，以致得罪了先生，先生并不认为耻辱，却反倒愿意去薛地为我收债吗？”冯谖回答道：“愿意去。”于是套好了车马，整好了行装，携带着债券契约准备动身。临行之际，冯谖向孟尝君辞行道：“债务全部收完了，要买什么东西回来？”孟尝君回答道：“你看我家缺少什么就买什么回来吧。”冯谖驱赶着车马，来到薛地，随即派官吏召集应当偿还债务的百姓，都来核对债券。债券全部核对完后，冯谖就假托孟尝君的命令，把债钱赐给所有欠债的百姓，并就此烧毁所有的债券。百姓都欢呼万岁。冯谖赶着车子，一路奔波，回到齐都，清晨求见孟尝君。孟尝君很惊奇冯谖回来得如此迅速，穿好了衣服，戴好了帽子，出来会见冯谖，他问道：“债全部收完了吗？怎么回来得这么快？”冯谖回答道：“收完了。”“买什么东西回来了？”冯谖回答道：“您说‘看我家缺少什么就买什么回来’，我心中暗想，您的家里积满了珍宝，外面的马房养满了狗、马，美女充满了后庭，您的家里所缺少的只不过是‘义’罢了，所以为您买了‘义’。”孟尝君问道：“买‘义’是怎么回事呢？”冯谖道：“现在您只有一块小小的薛地，就不思抚养百姓，爱民如子，反而凭借此地去营利。我私自假托您的命令，把债钱赐给所有的欠债人，因而烧毁了债券，百姓都欢呼万岁，这就是我用债钱替您买的‘义’啊。”孟尝君听了很不高兴，无奈地说道：“好吧，先生先下去休息吧。”

后来过了一年，齐王对孟尝君说：“我不敢以先王的大臣作为我的大臣。”孟尝君只好离开齐都，到薛地去。在离薛地百里的地方，百姓们扶老携幼，整天在路上迎接孟尝君。孟尝君回头对冯谖说道：“先生替我买的‘义’，我在今天这才看到了。”冯谖说道：“狡猾的兔子有三个洞穴，才仅仅能够避免一死。您现在只有一个洞穴，还不能高枕无忧，睡得踏实。请让我替您再开凿两个洞穴吧。”孟尝君就给了冯谖五十辆车子，五百斤黄金，让他西去游说梁国。冯谖到了梁国，对梁王说道：“齐王把他的大臣孟尝君放逐到薛地，诸侯中哪一位先把他迎接来，就会使自己的国家富庶、军队强盛。”于是梁王就把相位空着，而以原相国为上将军，派遣使者，带着千斤黄金，百辆车子，前去聘请孟尝君。冯谖先乘车回到薛地，告诫孟尝君说："一千两黄金，是很贵重的礼物；一百辆车子，是显耀的使者。齐国上下大概知道这件事了。"梁国的使者往返多次，孟尝君都坚决地推辞而没有前往梁国。

齐王听说了这件事，君臣上下惊恐不安。齐王遂派太傅持千斤黄金，驾着两辆绘有文彩的四匹马拉的车子，带上自己的佩剑，并写好了一封信，向孟尝君谢罪道："我不善，遭受祖先宗庙神鬼的祸祟，又偏信奸臣的谄媚阿谀之辞，致使得罪了您，我是不值得与您共事的，但希望您能看在先王宗庙的面上，姑且回到齐都来，以治理万民吧。"冯谖又告诫孟尝君说："希望您能向齐王请求祭祀先王的器物，然后把祖先的宗庙建立在薛地。"宗庙建成，冯谖回来告诉孟尝君："三个洞穴都已营就了，您姑且可以高枕无忧、怡然自乐了。"孟尝君在齐国为相数十年，没有蒙受一点祸患，这都是由于冯谖的足智多谋啊。

触龙说赵太后

《战国策》

【题解】

本文选自《赵策四》。赵惠文王死后，孝成王年幼，由威太后摄政，赵国政局不稳，秦国趁机攻赵，连下三城，形势十分危急，赵国向齐国求救，齐国则提出必须以太后爱子为人质方肯出兵，太后坚决不肯，并言辞激烈，弄得满朝文武无可奈何，于是触龙出来游说太后。触龙以国家的利益为出发点，从扯家常入手，用亲切而富人情味的语言打动太后，提出"父母之爱子，则为之计深远"，对太后喻以大义，进而提出"位尊而无功，奉厚而无劳"必然危及自身、祸及子孙，对太后晓以利害。在大义和利害面前，太后终于答应以长安君为质，使赵国度过了一场危机。

【原文】

赵太后新用事，秦急攻之。赵氏求救于齐。齐曰："必以长安君为质[1]，兵乃出。"太后不肯，大臣强谏。太后明谓左右："有复言令长安君为质者，老妇必唾其面。"

左师触龙愿见。太后盛气而揖之[2]。入而徐趋，至而自谢，曰："老臣病足，曾不能疾走，不得见久矣，窃自恕，恐太后玉体之有所郄也[3]，故愿望见。"太后曰："老妇恃辇而行。"曰："日食饮得无衰乎？"曰："恃鬻耳！"曰："老臣今者殊不欲食，乃自强步，日三四里，少益嗜食，和于身。"曰："老妇不能。"太后之色少解。

左师公曰："老臣贱息舒祺[4]，最少，不肖。而臣衰，窃爱怜之。愿令补黑衣之数[5]，以卫王宫，没死以闻。"太后曰："敬诺。年几何矣？"对曰："十五岁矣。虽少，愿及未填沟壑而托之。"太后曰："丈夫亦爱怜其少子乎？"对曰："甚于妇人！"太后曰："妇人异甚！"对曰："老臣窃以为媪之爱燕后[6]，贤于长安君。"曰："君过矣！不若长安君之甚。"

左师公曰："父母之爱子，则为之计深远。媪之送燕后也，持其踵为之泣，念悲其远也，亦哀之矣。已行，非弗思也，祭祀必祝之，祝曰：'必勿使反。'岂非计久长，有子孙相继为王也哉！"太后曰："然。"

左师公曰："今三世以前，至于赵之为赵，赵王之子孙侯者，其继有在者乎？"曰："无有。"曰："微独赵，诸侯有在者乎？"曰："老妇不闻也。""此其近者祸及身，远者及其子孙。岂人主之子孙则必不善哉！位尊而无功，奉厚而无劳，而挟重器多也。今媪尊长安君之位，而封以膏腴之地，多予之重器，而不及今令有功于国。一旦山陵崩，长安君何以自托于赵？老臣以媪为长安君计短也，故以为其爱不若燕后。"太后曰："诺，恣君之所使之！"于是为长安君约

车百乘，质于齐，齐兵乃出。

子义闻之，曰："人主之子也，骨肉之亲也，犹不能恃无功之尊，无劳之奉，以守金玉之重也，而况人臣乎？"

【注释】

〔1〕长安君：威后小儿子。

〔2〕揖：按王念孙考证，"揖"，是"胥"传写之误。《史记》与马王堆出土帛书均作"胥"。胥，等待。

〔3〕郄（xì）：不舒适。

〔4〕息：儿子。贱，谦称。

〔5〕黑衣：赵国王宫卫士的服装，这里代指卫士。

〔6〕燕后：赵威后女儿，嫁给燕国君主为后。

【译文】

赵太后刚执掌朝政，秦国就在这个时候加紧进攻赵国。赵国向齐国求救，齐国说："一定要把长安君作为人质，才肯出兵。"赵太后不答应，大臣们极力劝谏，太后明确地对左右的人说道："有再敢说让长安君作人质的，我必把唾沫吐在他的脸上。"

左师官触龙求见太后，太后怒气冲冲地等着他。触龙进来后，慢慢地蹒跚而行，到了太后面前谢罪道："我的脚有毛病，不能够快跑，所以已经很久没有前来朝见您了，我以脚病自我宽恕。我担心太后的玉体欠安，所以想来探望您。"太后说："我只有凭借车子才能行走。"触龙说："每天的饮食该没有减少吧？"太后回答说："只靠吃点粥罢了。"触龙说："我近来特别不想吃东西，就勉强散散步，每天走上三四里路，这样就稍微增加了一点食欲，身体也好起来了。"太后说："这个我可做不到。"太后的怒色稍微缓解下来。

左师公说："我的贱子舒祺，年纪最小，不成器，而我衰老了，内心疼爱他，希望能让他进入黑衣卫士的行列，以保卫王宫，所以我冒死禀告您。"太后道："好的。他的年纪有多大了？"触龙答道："十五岁了。虽然年纪轻，但希望趁我还没死的时候把他托付给您。"太后问道："大丈夫也疼爱他的小儿子吗？"触龙答道："比女人更疼爱。"太后说："女人对小儿子的疼爱特别厉害。"触龙道："我内心认为您对燕后的疼

爱胜过对长安君的疼爱。”太后说：“您说错了，远不如对长安君的疼爱。”

左师公说：“父母疼爱自己的孩子，就要为他们的前途作长远的考虑。当您送燕后出嫁的时候，拉着她的脚跟，不忍别去，为她哭泣，为她将远嫁他方而悲伤，也可以说是哀痛到极点了。燕后已经走了，您并非真的就不再想念她了，每逢祭祀的时候，您就一定为她祝祷，祝道：‘千万不要让她遭到不幸而回来啊！’这难道不是为她作长远的考虑，为她的后世子孙能够相继继承燕国的王位而考虑吗？”太后答道：“是这样的。”

左师公说：“追溯距今三代以前，直到赵国建立伊始，赵王的子孙受封为侯爵的，他们的后世子孙继承侯爵的现在还有人在吗？”太后答道：“没有。”触龙进一步问道：“不仅是赵国，就是其他各国诸侯，他们的后世子孙继承侯爵的现在还有人在吗？”太后回答道：“我没有听说过。”触龙说：“这就是：近的灾祸降临自身，远的灾祸降临子孙。难道国君的子孙就一定不好吗？之所以如此，是因为他们地位尊贵却没有功劳，俸禄丰厚却没有贡献，而拥有的贵重珍宝又很多啊！现在您让长安君居于尊贵的地位，又封给他肥沃的土地，赐给他很多贵重的珍宝，却不趁现在这个机会让他为国家立功，如果有朝一日您去世了，长安君他自己凭借什么立足于赵国呢？我认为您为长安君的考虑太短浅了，所以我认为您对长安君的疼爱不如对燕后的疼爱。”太后道：“嗯！任凭您派他吧。”于是为长安君准备好了一百辆车子，到齐国作人质。齐国也就派出了军队。

子义听说了这件事道：“国君的孩子，与国君亲如骨肉，尚且不能凭仗没有功劳的尊位、没有贡献的俸禄来守住金玉珍宝，更何况做臣子的人呢？”

唐雎不辱使命

《战国策》

【题解】

本文选自《魏策四》。秦国在灭韩亡魏之后，根本不把方圆五十里的安陵放在眼里，提出以五百里之地换取安陵，企图诱使安陵君就范。安陵君识破阴谋，婉言拒绝，并派唐雎出使秦国与秦王交涉。唐雎面对强暴的秦王理直气壮，寸土必争，当秦王露出狰狞面目进行威胁时，更是大义凛然，宁死不屈，并做好与秦王同归于尽的准备，唐雎的大智大勇终于折服了秦王，唐雎维护了安陵国的主权，出色地完成了使命。文章歌颂了唐雎不畏强暴、敢于斗争的精神。

【原文】

秦王使人谓安陵君曰〔1〕："寡人欲以五百里之地易安陵，安陵君其许寡人。"安陵君曰："大王加惠，以大易小，甚善。虽然，受地于先王，愿终守之，弗敢易。"秦王不说。安陵君因使唐雎使于秦。

秦王谓唐雎曰："寡人以五百里之地易安陵，安陵君不听寡人，何也？且秦灭韩亡魏，而君以五十里之地存者，以君为长者，故不错意也。今吾以十倍之地，请广于君；而君逆寡人者，轻寡人与？"唐雎对曰："否，非若是也。安陵君受地于先王而守之，虽千里不敢易也，岂直五百里哉？"

秦王怫然怒，谓唐雎曰："公亦尝闻天子之怒乎？"唐雎对曰："臣未尝闻也。"秦王曰："天子之怒，伏尸百万，流血千里。"唐雎曰："大王尝闻布衣之怒乎？"秦王曰："布衣之怒，亦免冠徒跣，以头抢地耳！"唐雎曰："此庸夫之怒也，非士之怒也。夫专诸之刺王僚也〔2〕，彗星袭月；聂政之

刺韩傀也[3]，白虹贯日；要离之刺庆忌也[4]，苍鹰击于殿上。此三子，皆布衣之士也。怀怒未发，休祲降于天，与臣而将四矣！若士必怒，伏尸二人，流血五步，天下缟素，今日是也！”挺剑而起！秦王色挠，长跪而谢之，曰：“先生坐！何至于此！寡人谕矣：夫韩、魏灭亡，而安陵以五十里之地存者，徒以有先生也！”

【注释】

〔1〕秦王：即秦始皇嬴政，当时尚未统一六国称帝，故称秦王。安陵君：魏襄王之弟，封于安陵（河南鄢陵西北）。

〔2〕专诸：勇士名。吴王阖闾即位前为争夺王位，派专诸将短剑藏到鱼腹中，乘向吴王僚献食的机会，杀死吴王僚。

〔3〕聂政：勇士名。韩国大夫严遂同相国韩傀争权，派聂政杀死韩傀，聂政也自杀了。

〔4〕要离：勇士名。庆忌：吴王僚的儿子。吴王僚死后，庆忌流亡卫国，阖闾又派要离去卫国，用计刺杀了庆忌。

【译文】

秦王派人对安陵君说：“我想用方圆五百里的地方来和你们交换安陵，希望您能够答应我的要求。”安陵君说：“大王施给我们恩惠，以大换小，很好。尽管如此，安陵是我从先王那里继承来的土地，愿终身守住这份祖业，不敢轻易拿来与人交换。”秦王听了，很不高兴。安陵君因而派遣唐雎出使到秦国去。

秦王对唐雎说：“我用五百里的地方来交换安陵，安陵君不答应我，这是为什么呢？再说秦国灭亡了韩魏两个大国，而安陵君之所以能够以五十里的地方保存下来，就因为我看他是位年高有德的人，所以才没有在意。现在我用十倍于安陵的地方，来扩大安陵君所统治的区域，而安陵君却违背我的要求，难道是轻视我吗？”唐雎回答道：“不，不是这样的。安陵君继承先王的土地而愿守住这份祖业，即使是拿千里之地来换，也是不敢轻易交易的，岂止五百里呢？”

秦王听了显得十分恼怒，怒气冲冲地对唐雎说道：“你也曾经听说过天子动怒时的情形吗？”唐雎回答道：“我不曾听说过。”秦王说："天子动起怒来，就会尸横百万，血流千里。"唐雎说："大王曾经听说过布衣百姓动怒时的情形吗？"秦王说："布衣百姓动起怒来，也不过是脱掉帽子，光着脚板，用头撞地罢了。"唐雎说："这是庸夫动怒的样子，而不是士人的动怒。当专诸刺杀王僚时，彗星的光芒袭入月亮；聂政刺杀韩傀时，白色的虹光贯穿太阳；要离刺杀庆忌时，苍鹰在殿上扑击。这三位都是布衣之士，心怀怒气，尚未发泄，上天就降下吉凶之兆，再加上我就将是四位了。假使士人一定要动怒的话，就会有两个人的尸首倒在地上，鲜血流淌五步之远，天下的人都会穿起白色的丧服，也许今天就会是这个样子了。"说罢，唐雎就手举宝剑站起身来。秦王见此情形，脸色缓和下来，直起身子向唐雎道歉说："先生请坐！何必如此呢！我现在才明白了。韩魏两个大国灭亡了，而安陵之所以能够以五十里的地方保存下来，只是由于有先生在啊！"

乐毅报燕王书

《战国策》

【题解】

本文选自《燕策二》。燕昭王二十八年（前284），乐毅为燕昭王组成赵、楚、韩、魏、燕五国联军，率军击齐，先后攻下七十余城，齐国濒于灭亡。值燕昭王死，惠王即位，中齐反间计，使骑劫代乐毅为将。乐毅出奔赵。齐将田单用火牛阵击败燕，一举收复七十余城。惠王悔惧，派人责备乐毅不该为自己打算，有负先王知遇之恩。乐毅于是写了这封长信作答。信中先说自己得先王重用，联军击齐，威震当世；次以伍子胥自比，表示对燕忠心不二，但不愿重返燕国，以免"离毁辱之非，堕先王之名"。书信从剖析自己心迹的角度出发，表白了自己对先王的感激和依恋，表白了自己对燕国的忠诚，同时用深沉幽怨和婉转的言辞反驳了惠王的指责。

【原文】

昌国君乐毅，为燕昭王合五国之兵而攻齐，下七十余城，尽郡县之以属燕。三城未下，而燕昭王死。惠王即位，用齐人反间，疑乐毅，而使骑劫代之将。乐毅奔赵，赵封以为望诸君。齐田单诈骑劫[1]，卒败燕军，复收七十余城以复齐。

燕王悔，惧赵用乐毅，乘燕之敝以伐燕。燕王乃使人让乐毅，且谢之曰："先王举国而委将军，将军为燕破齐，报先王之仇，天下莫不振动。寡人岂敢一日而忘将军之功哉！会先王弃群臣，寡人新即位，左右误寡人；寡人之使骑劫代将军，为将军久暴露于外，故召将军，且休计事。将军过听，以与寡人有隙，遂捐燕而归赵。将军自为计则可矣，而亦何以报先王之所以遇将军之意乎？"望诸君乃使人献书报燕王曰：

"臣不佞，不能奉承先王之教，以顺左右之心，恐抵斧质之罪，以伤先王之明，而又害于足下之义，故遁逃奔赵。自负以不肖之罪，故不敢为辞说。今王使使者数之罪，臣恐侍御者之不察先王之所以畜幸臣之理，而又不白于臣之所以事先王之心，故敢以书对。

"臣闻贤圣之君，不以禄私其亲，功多者授之；不以官随其爱，能当者处之。故察能而授官者，成功之君也；论行而结交者，立名之士也。臣以所学者观之，先王之举错，有高世之心，故假节于魏王，而以身得察于燕。先王过举，擢之乎宾客之中，而立之乎群臣之上，不谋于父兄，而使臣为亚卿。臣自以为奉令承教，可以幸无罪矣，故受命而不辞。

"先王命之曰：'我有积怨深怒于齐，不量

轻弱，而欲以齐为事。’臣对曰：‘夫齐，霸国之余教，而骤胜之遗事也[2]。闲于甲兵[3]，习于战攻。王若欲伐之，则必举天下而图之。举天下而图之，莫径于结赵矣。且又淮北、宋地[4]，楚、魏之所同愿也。赵若许约，楚、赵、宋尽力[5]，四国攻之，齐可大破也。’先王曰：‘善！’臣乃口受令，具符节，南使臣于赵。顾反命，起兵随而攻齐。以天之道，先王之灵，河北之地，随先王举而有之于济上。济上之军，奉令击齐，大胜之。轻卒锐兵，长驱至国。齐王逃遁走莒[6]，仅以身免。珠玉财宝，车甲珍器，尽收入燕。大吕陈于元英[7]，故鼎反乎历室[8]，齐器设于宁台[9]；蓟邱之植[10]，植于汶篁。自五伯以来，功未有及先王者也。先王以为顺于其志，以臣为不顿命，故裂地而封之，使之得比乎小国诸侯。臣不佞，自以为奉令承教，可以幸无罪矣，故受命而弗辞。

“臣闻贤明之君，功立而不废，故著于《春秋》；蚤知之士，名成而不毁，故称于后世。若先王之报怨雪耻，夷万乘之强国，收八百岁之蓄积。及至弃群臣之日，遗令诏后嗣之馀义，执政任事之臣，所以能循法令、顺庶孽者，施及萌隶，皆可以教于后世。

“臣闻善作者不必善成，善始者不必善终。昔者伍子胥说听乎阖闾[11]，故吴王远迹至于郢。夫差弗是也，赐之鸱夷而浮之江[12]。故吴王夫差不悟先论之可以立功，故沉子胥而弗悔；子胥不蚤见主之不同量[13]，故入江而不改。

“夫免身全功，以明先王之迹者，臣之上计也。离毁辱之非，堕先王之名者，臣之所大恐也。临不测之罪，以幸为利者，义之所不敢出也。

"臣闻古之君子，交绝不出恶声；忠臣之去也，不洁其名。臣虽不佞，数奉教于君子矣。恐侍御者之亲左右之说，而不察疏远之行也。故敢以书报，唯君之留意焉。"

【注释】

〔1〕田单：齐将，临淄（山东淄博）人。他施用反间计，使燕惠王除去乐毅的兵权，又用火牛阵击败燕军，一举收复七十余城，被齐襄王任为相国，封安平君。

〔2〕骤：多次。

〔3〕闲：通"娴"，娴熟。

〔4〕宋地：在今皖、苏、豫、鲁之间，为齐、魏、楚所灭，各得地三分之一。

〔5〕这里的"宋"，实指占领宋地的魏国，因魏想趁机占有原属于宋国的齐国土地。

〔6〕莒：古邑名，在今山东莒县。

〔7〕大吕：齐国钟名。元英：燕国宫殿名。

〔8〕历室：燕国宫殿名。

〔9〕宁台：燕国台名，在今河北蓟县。

〔10〕蓟邱：燕国都城，在今北京市境。

〔11〕伍子胥：春秋时吴国大夫。名员，字子胥。楚大夫伍奢的儿子。楚平王杀伍奢，他逃到吴国，帮助阖闾刺杀吴王僚，夺取王位，攻破楚国，因功封于申，又称申胥。

〔12〕鸱夷：皮囊。吴王夫差时，伍子胥因劝王拒绝越国求和与停止攻齐，遭到疏远。后夫差赐剑命其自杀，把尸体装进皮囊，投放江中。

〔13〕蚤：通"早"。

【译文】

昌国君乐毅，替燕昭王联合五个诸侯国的军队一起去攻打齐国，攻克了七十多座城池，随后又把它们改为郡县制，划为燕国的属地。当时还剩下三座城池尚未攻下，而燕昭王却去世了。燕惠王即位，中了齐人的反间计，怀疑乐毅，而改派骑劫代替乐毅为将。乐毅就逃奔到赵国去了，赵国封乐毅做望诸君。齐国将领田单用计欺骗骑劫，终于打败了燕国军队，又收复了七十多座城池，恢复了齐国丧失的领土。

燕惠王这时才开始后悔了，他又害怕赵国任用乐毅，趁燕国现在疲困的时候来攻打燕国。所以燕惠王就派人去责备乐毅，并向他道歉说："先王把整个国家都委托给了将军，将军为燕国大破齐国，替先王报了仇，雪了恨，天下的人没有不震惊的，我又怎么敢一天就忘记了将军的丰功伟绩呢！正好赶上先王丢下群臣驾鹤西去，我又刚刚继承王位，手下的大臣都误会了我，而我之所以派骑劫去代替将军您，是因为将军长期在外统兵作战，风餐露宿，所以召回将军，是想让将军暂且休息一下，也好和我共同商议国事。没想到将军却误解了我的意思，以为和我有什么嫌隙，于是离开了燕国而投奔赵国。将军如果是为自己的前途而着想，这样做也是可以的，然而您拿什么来报答先王对您的一片深情厚意呢？”望诸君乐毅就派人献上自己的书信，向燕王答复道：

乐毅　战国时燕将领，灵寿（今河北灵寿西北）人。初仕赵，后经赵入魏，又为魏使入燕，被燕留任为亚卿。

“我没有才能，不能禀受奉行先王的教诲，以顺从您左右人的心意，害怕回到燕国会遭受杀身之罪，以至有损于先王的英明，而又陷您于不义，所以逃奔到赵国。我自己情愿承当不肖的罪名，所以不敢为自己的行为辩解。现在您派使者来历数我的错误，我担心在您身边侍候的人不能明察先王之所以重用、亲近我的缘故，同时又担心他们不明白我之所以侍奉先王的赤诚之心，所以才敢写这封书信来回答您。

“我曾听说，贤达圣明的君主，不把俸禄私自赐给他所亲近的人，功劳多的人方才授以俸禄；不把官职随意赐给他所宠爱的人，能够胜任的人方才给以官职。所以，考察一个人的才能，然后据此授以官职，这样的君主才是有所作为的君主；根据一个人的品行，然后据此结交朋友，这样的士人才是树立名望的士人。我根据自己的学识来判断，先王的一举一动，都表现出他有高出于当世各国君主的远大志向，所以当我作为魏王的使者，持节出使到燕国时，能够得到燕王的知遇。承蒙先王的过分抬举，把我从许多宾客之中提拔出来，而立我在群臣之上，也不和宗室大臣商议，就让我做了亚卿。我自以为奉行先王的命令、承蒙先王的教诲，这样就可以侥幸不犯错误了，所以接受了先王的任命而没有推辞。

先王的命令中说道：‘我和齐国有宿怨深仇，不自量力，而想向齐国报仇。’我回答道：‘齐国有霸国遗留的政教和屡胜遗留的功业，熟习兵器，通晓战事，大王若想攻打齐国，就一定要联合各国诸侯来对付它，而联合各国诸侯来对付它，没有比结交赵国更好的了。况且齐国境内淮河以北和原宋国的土地，又是楚国和魏国都想占有的地方，赵国若

田单　战国时齐国将领。临淄（今山东淄博东北）人，因功受封安平君，被齐襄王任为相国。后襄王卒，入赵为相，受封平都君，曾率赵军攻燕。

答应和我们缔结盟约，就会约楚国和魏国同心尽力。假如我们四国合力攻打齐国，那么齐国就会大败的。’先王听了说道：‘好。’于是我便接受了先王的口头命令，手持符节，向南出使到了赵国，接着就返回燕国向先王复命，随后各国诸侯一起举兵攻打齐国。凭着上天的保佑，先王的威灵，以及黄河以北的地利，我随先王一举攻打到齐国边界济水之上。济上的大军，奉命出击齐军，获得大胜。轻装精锐的士卒，长驱直入，一直打到齐国国都，齐王逃跑到莒地，仅免一死。所有的珠玉、财宝、车辆、铠甲和珍贵的器物，全被燕国缴获了。齐国的大吕钟陈放在燕国的元英宫，燕国失去的鼎重新回到了历室宫，齐国的宝器摆设在燕国的宁台，燕国蓟丘产的竹木种植在齐国汶上的竹田里。从春秋五霸到现在，建功立业没有赶得上先王的了。先王认为自己的志向得到了实现，并且认为我没有辜负使命，所以划出一块地方，作为封地赏给我，使我得以像小国的诸侯一样。我没有才能，自以为奉行先王的命令、承蒙先王的教诲，这样就可以侥幸不犯错误了，所以就接受了先王的封赏而没有推辞。

“我曾听说，贤达圣明的君主，建立起的功业而不会废弃，所以彪炳于青史；有远见的士人，树立起的美名而不会辱没，所以流芳于后世。像先王那样报了怨恨，洗刷了耻辱，铲除了拥有万辆兵车的强国，收拢了齐国八百年的积蓄。等到抛下群臣去世的那一天，他还留下了对后继者的遗训，执掌政权、管理政事的大臣，所以才能够遵循法令、慎重地对待庶子，恩惠施及百姓，这些都可以教导后世。

“我曾听说，善于草创的人不一定善于完成，有良好开端的人不一定有良好的结局。从前伍子胥的劝谏被吴王阖闾所采纳，所以吴王阖闾远征的足迹踏到楚国的国都郢。吴王夫差不听伍子胥的劝谏，并赐给他一个皮袋，把他装在里面投入江中。由于吴王夫差没有认识到伍子胥生前具有远见的议论可以用来建立功业，所以把伍子胥沉入江中而不知道后悔；由于伍子胥没有及早地看出阖闾和夫差虽同是君主，而其度量却大为不同，所以被沉入江中也没有改变初衷。

“至于明哲保身，成就功业，以此来表明先王的事迹，这是我所奉行的最高策略；遭受诋毁、侮辱的责难，以至于毁坏先王的名声，这是我感到最为担心的事情；冒不可估量的罪名，想侥幸为自己谋取私利，这种事情，在道义上我是决不敢做出来的。

“我曾听说，古代的君子，即使和别人断绝交情，也不会说别人的坏话；忠臣被迫离开了自己的君主，不会诋毁君主而为自己辩解。我虽然没有才能，却也曾经多次受到君子的教诲。我怕您听信左右大臣的话，而不能明察我这个被您疏远了的人的行为，所以才冒昧地写了这封信来答复您，希望您对此能加以留意。”

谏逐客书

李 斯

【题解】

李斯（？—前208），战国时楚国上蔡人，是著名思想家荀卿的弟子。后辅助秦始皇统一中国，官至丞相，为始皇定郡县之制，下令焚书坑儒，以小篆为标准统一文字。始皇帝死后，李斯听从赵高阴谋，矫诏杀太子扶苏，立胡亥。秦二世继位后，赵高专权，诬蔑李斯谋反，李斯被腰斩于咸阳，夷灭三族。

《谏逐客书》见于《史记·李斯列传》。秦王嬴政初年，韩国为了减轻秦国的威胁，派一个名叫郑国的水利专家到秦国，劝说秦国修渠，其目的是想以此来消耗秦国力量，被秦发现其企图，但郑国说修渠是“为韩延数年之命，为秦建万代之功”。但是秦国一些目光短浅的宗室大臣却认为“诸侯人来事秦者，大抵为其主游间于秦耳，请一切逐客”。秦王因此下逐客令。李斯是楚国人，当时在秦任客卿，也在被逐之列，于是写了这封信，历数“客”对秦的功绩，力陈逐客之失。秦王看后废除逐客令，恢复李斯官职。第一段叙历代客卿的功绩，第二段述取人应和取物一样不受地域限制，第三段论逐客的危害。文章前后贯通，一气呵成，有很强的说服力。

【原文】

秦宗室大臣皆言秦王曰：“诸侯人来事秦者，大抵为其主游间于秦耳！请一切逐客。”李斯议亦在逐中。斯乃上书曰：

“臣闻吏议逐客，窃以为过矣。昔穆公求士[1]，西取由余于戎[2]，东得百里奚于宛[3]；迎蹇叔于

宋[4]，求丕豹、公孙支于晋[5]。此五子者，不产于秦，而穆公用之，并国二十，遂霸西戎。孝公用商鞅之法[6]，移风易俗，民以殷盛，国以富强，百姓乐用，诸侯亲服，获楚、魏之师[7]，举地千里，至今治强。惠王用张仪之计[8]，拔三川之地[9]，西并巴、蜀[10]，北收上郡[11]，南取汉中[12]，包九夷[13]，制鄢、郢[14]，东据成皋之险[15]，割膏腴之壤，遂散六国之从，使之西面事秦，功施到今。昭王得范雎[16]，废穰侯[17]，逐华阳[18]，强公室，杜私门，蚕食诸侯，使秦成帝业。此四君者，皆以客之功。由此观之，客何负于秦哉！向使四君却客而不内，疏士而不用，是使国无富利之实，而秦无强大之名也。

"今陛下致昆山之玉[19]，有随、和之宝[20]，垂明月之珠，服太阿之剑[21]，乘纤离之马[22]，建翠凤之旗[23]，树灵鼍之鼓[24]。此数宝者，秦不生一焉，而陛下说之，何也？必秦国之所生然后可，则是夜光之璧不饰朝廷，犀象之器不为玩好，郑魏之女不充后宫，而骏马駃騠不实外厩[25]，江南金锡不为用，西蜀丹青不为采。所以饰后宫、充下陈、娱心意、说耳目者，必出于秦然后可，则是宛珠之簪，傅玑之珥，阿缟之衣[26]，锦绣之饰，不进于前，而随俗雅化、佳冶窈窕赵女不立于侧也。夫击瓮叩缶，弹筝搏髀，而歌呼呜呜，快耳目者，真秦之声也。郑、卫、桑间，韶虞、武象者[27]，异国之乐也。今弃击瓮而就郑卫，退弹筝而取韶虞，若是者何也？快意当前，适观而已矣。今取人则不然，不问可否，不论曲直，非秦者去，为客者逐。然则是所重者在乎色乐珠玉，而所轻者在乎人民也。此非所以跨海内制诸侯之术也。

“臣闻地广者粟多，国大者人众，兵强则士勇。是以泰山不让土壤，故能成其大；河海不择细流，故能就其深；王者不却众庶，故能明其德。是以地无四方，民无异国，四时充美，鬼神降福，此五帝、三王之所以无敌也。今乃弃黔首以资敌国，却宾客以业诸侯，使天下之士退而不敢西向，裹足不入秦，此所谓‘藉寇兵而赍盗粮’者也。

“夫物不产于秦，可宝者多；士不产于秦，而愿忠者众。今逐客以资敌国，损民以益仇，内自虚而外树怨于诸侯，求国之无危，不可得也。”

秦王乃除逐客之令，复李斯官。

【注释】

〔1〕穆公：秦穆公，春秋五霸之一。

〔2〕由余：晋国人，逃入戎国，奉戎命使秦见秦穆公。归戎后，因劝谏戎王不听，便奔秦，受到穆公重用，开拓疆土，称霸西戎。

〔3〕百里奚：原是虞国（山西平陆）大夫，晋献公灭虞，被掳，作为晋献公女儿陪嫁的奴仆入秦，中途逃亡至宛（河南南阳），被楚人捉住。秦穆公听说他有贤才，便用五张羊皮赎他入秦，受到重用，建立功业。

〔4〕蹇（jiǎn）叔：岐（陕西岐山）人，旅居宋国。秦穆公接受百里奚的建议，用厚礼迎他入秦，任上大夫。

〔5〕丕豹：晋国大夫丕郑的儿子。晋惠公杀丕郑，丕豹奔秦，得穆公重用，助秦攻晋。公孙支：岐人，居于晋。入秦后，穆公任用为大夫。

〔6〕商鞅：卫人，姓公孙，名鞅。因功封于商，也称商鞅、商君。他原在魏国作官，后入秦，任秦相，帮助秦孝公变法，使秦国富强。孝公死后遭诬陷，车裂死。

〔7〕获楚、魏之师：指秦孝公二十二年（前340）商鞅率领秦军先后大破魏军和楚军的辉煌战绩。

〔8〕惠王：秦孝公的儿子。张仪：魏国人。纵横家。与苏秦同从鬼谷子学习。苏秦游说六国合纵以抗秦，张仪相秦惠王游说六国连横而事秦。六国联盟瓦解，秦国取得一连串胜利。

〔9〕三川：相当于今河南省黄河以南、灵宝以东地区，因境内有伊水、洛水、黄河，故称。原属韩国的土地，秦占领后置三川郡。

〔10〕巴蜀：两个小国。在今四川境内。

〔11〕上郡：魏国郡名，在今陕西西北部。

〔12〕汉中：楚地。在今陕西南部汉水流域。秦占领后置汉中郡。

〔13〕九夷：指东南少数民族地区。

〔14〕鄢：古水名，即今湖北中部汉水支流蛮河。郢（yǐng）：楚都，在今湖北江陵境。

〔15〕成皋：古邑名，在今河南荥阳汜水镇，形势险要。秦伐韩，韩献出其地与秦。

〔16〕昭王：秦惠王的儿子。范雎（jū）：魏国人。昭王时任秦相。

〔17〕穰侯：即魏冉，秦昭王母宣太后的异父弟。昭王年幼，魏冉为政，封于穰，称穰侯。后昭王亲政，用范雎计，免去穰侯相位。

〔18〕华阳：华阳君，宣太后的同母弟，与穰侯共专秦政，封于华阳，故称。

〔19〕昆山：即昆仑山。

〔20〕随：古国名，在今湖北随州市。相传随侯因救活一条大蛇而得到报答的一颗宝珠，称随氏珠。和：卞和。相传楚人卞和得一块璞玉献给厉王，被误认为石，砍去左足。武王即位，卞和再献，砍去右足。到文王即位，派人找卞和，把璞剖开，得美玉，称和氏璧。

〔21〕太阿：古宝剑名，亦作“泰阿”。相传春秋时，楚王命欧冶子、干将铸龙渊、太阿、工布三剑。楚王持太阿击溃敌军。

〔22〕纤离：古良马名。

〔23〕翠凤：用翠凤鸟羽毛作装饰。

〔24〕灵鼍（tuó）：一名鼍龙，或称扬子鳄，皮可制鼓。

〔25〕駃騠（jué tí）：骏马名。

〔26〕阿：指齐国东阿。

〔27〕韶虞：相传舜时的乐曲，优美动听。《论语·述而》：“子在齐闻韶，三月不知肉味。”武象：相传为周武王时舞乐。

【译文】

秦国的宗室大臣都对秦王说：“诸侯各国的人前来侍奉秦国的，大都是替他们的君主游说、离间秦国罢了。请把所有的客卿一律驱逐出境。”经过商议，李斯也在被逐之列。

于是李斯上书秦王道：

“我听说官吏们商议驱逐客卿，我内心认为这种做法是错误的。从前秦穆公招纳贤士，从西方的戎地聘取来由余，从东方的宛城得到了百里奚，从宋国迎来了蹇叔，从晋国招来了丕豹、公孙支。这五个人，都不是秦国人，可是穆公重用他们，结果吞并了二十个小国，终于称霸西戎。秦孝公重用商鞅，推行变法，移风易俗，人民因此殷实兴旺，国家因此富强，百姓乐于为国家效力，诸侯前来表示亲近归附，而且获得了对楚国、魏国军队的胜利，夺取了千里的土地，直到今天政治安定，国家强盛。秦惠王采用张仪连横的策略，攻克了三川之地，西面吞并了巴蜀之地，北面收取了上郡，南面收取了汉中，包围了九夷，控制了鄢、郢，东面占领了险要的成皋，割取了肥沃的土地，于是拆散了六国的合纵联盟，使他们向西而来侍奉秦国，其功业一直影响到现在。秦昭王得了范雎，废除了穰侯，驱逐了华阳君，加强了王室的权力，堵塞了权贵的势力，蚕食诸侯各国的领土，使秦国成就了帝王之业。这四位君主，都是凭借了客卿的功劳。由此看来，客卿有什么辜负了秦国的呢？当初这四位君主如果拒客卿于国门之外而不接纳，疏远外来的有识之士而不任用，这就会使国家没有富强的实力，因而秦国也就不会有强大的威名了。

"现在陛下您得到了昆山的美玉，还有随侯珠、和氏璧这些稀世之宝，身上悬挂着明月珠，佩带着太阿剑，乘坐着纤离马，竖立着翠凤旗，陈设着灵鼍鼓，这几种宝物，秦国不出产一样，然而您却喜欢它们，为什么呢？如果一定是秦国所出产的然后才可以使用，那么这些夜光璧就不会装饰在朝廷了；犀牛角、象牙制成的器物，也就不会成为您所赏玩、喜好的东西；郑国、魏国的美女，也就不会充斥于您的后宫；而骏马駃騠，也就不会饲养在您的马棚里；江南所产的金锡，也就不会被用来制成器物；西蜀所产的丹青，也就不会被用来作为颜料。因此，装饰后宫、充满堂下、娱乐心意、悦人耳目的，一定要秦国所出产的然后才可以使用，那么这些装饰有宛地所出产的珠子的簪子，点缀着玑珠的耳环，用东阿所产的白绢织成的衣服，锦绣作成的装饰物，就不会进献到陛下的面前，而那些崇尚时髦、娴雅多姿、美貌艳丽、窈窕淑秀的赵国女子，就不会侍立在陛下的身旁。再说击着陶瓮，敲着瓦器，弹着竹筝，拍着大腿，这样伴奏着呜呜地唱歌，使人耳目感到愉悦的，才真正是秦国的音乐。郑国、卫国、桑间的音乐，《韶虞》、《武象》等歌

秦始皇　（公元前 259 - 210 年），姓嬴名政，10 年内兼并了齐、楚、燕、韩、赵、魏六国，建立了中国第一个中央集权制封建王朝。

曲，则是异国的乐曲。现在陛下不听击着陶瓮的音乐而听郑国、卫国的音乐，不听弹奏竹筝的乐曲而听《韶虞》之类的乐曲，像这样的情形是为什么呢？只是图眼前的称心如意、宜于观赏罢了。如今用人却不是这样，不问当用不当用，不论是非曲直，不是秦国人就排斥，凡是客卿都驱逐。这样的做法就表明，陛下所重视的只是声色珠宝，而陛下所轻视的却是人民。这不是能用来兼并天下、制服诸侯的方法啊！

“我听说如果土地辽阔，粮食就会丰足富余；如果国家强大，人民就会繁衍众多；如果武器精良，士兵就会英勇无比。因此泰山不辞让贫瘠的土壤，所以才能形成现在的高大；河海不嫌弃细小的溪流，所以才汇成了今天的深远广大；君主不排斥百姓，所以才能显示他的恩泽和美德。因此土地不分东西和南北，人无论是哪个国家的，一年四季都充足美满，连鬼神都前来降福，这就是五帝三王之所以无敌于天下的原因所在。现在陛下您却抛弃百姓以资助敌国，驱逐宾客以使诸侯成就王业，使天下的贤士退缩回避不敢西来，裹足不敢入秦，这就是人们所说的‘给敌人供应兵器装备，给盗贼送去粮食器用’啊！

“物品不出产于秦国，然而可视为宝物的却很多；士人不出生于秦国，然而愿意效忠的却很多。现在驱逐客卿以资助敌国，抛弃人民以增强仇人，结果使自己内部虚弱，而外面又结怨于诸侯，这样做想求国家没有危险，是做不到的。”

秦王于是废除了驱逐客卿的命令，恢复了李斯的官职。

五帝本纪赞

《史记》

【题解】

《史记》是我国第一部纪传体通史，司马迁撰。全书包括本纪、表、书、世家、列传共五部分一百三十篇，五十二万多字，记叙了从传说中的黄帝至汉武帝太初年间上下三千年的历史。同时它也是一部文学名著，是我国传记文学的开创性著作。它的主体部分是本纪、世家和列传，其中列传是全书的精华。

司马迁（约前145—前87），字子长，夏阳（今陕西韩城县南）人。从小受父亲司马谈的影响，诵读古文经书。二十岁开始远游大江南北，访问了许多遗老，考察了历史遗迹，了解了许多历史人物的遗事、轶闻以及地方风俗和经济生活。

司马谈逝世后第三年（公元前108），司马迁继父职做了太史令，这是他写作《史记》的起点和重要条件。太初元年，他四十二岁，正式开始了这一工作。后因李陵事件触怒了武帝，被处以宫刑。但他忍辱含垢，坚持写作，直至遇赦，改做中书令，在五十三岁时终于完成《史记》这一部巨著。除《史记》外，他的著作中今存一篇《感士不遇赋》和《报任安书》。

本纪记述帝王的言行和政迹。本篇录自《五帝本纪》，表达了司马迁对历史文献和古代传说的求实观点。司马迁认为，对于古书的记载，应尽量通过考察、访问来印证；要好学深思，好好领会。

【原文】

太史公曰[1]："学者多称五帝，尚矣。然《尚书》独载尧以来，而百家言黄帝，其文不雅驯，荐绅先生难言之[2]。孔子所传《宰予问五帝德》及《帝系姓》，儒者或不传[3]。余尝西至空峒，北过涿鹿，东渐于海，南浮江淮矣[4]。至长老皆各往往称黄帝、尧、舜之处，风教固殊焉。总之，不离古文者近是[5]。予观《春秋》、《国语》，其发明《五帝德》及《帝系姓》章矣[6]，顾弟弗深考，其所表见皆不虚。《书》缺有间矣，其轶乃时时见于他说。非好学深思，心知其意，固难为浅见寡闻道也。余并论次，择其言尤雅者，故著为本纪书首。

【注释】

〔1〕太史公：秦汉时人们称掌管政府资料档案文件、著述史书的官员太史令为太史公。这里是担任过汉太史令的司马迁自称。

〔2〕《尚书》：我国最古的史书，主要记载商、周帝王的言论和文告，也有东周、战国时代的根据传说编造的虞、夏史事的记载。

〔3〕宰予：字子我，春秋时鲁国人，孔子弟子。

〔4〕空峒：也作“崆峒”，山名，在今甘肃平凉西。传说黄帝曾到过这里。涿鹿：山名，在今河北涿鹿县东南。传说黄帝在这里战胜蚩尤。渐：流人，这里是到的意思。

〔5〕古文：指《尚书》《五帝德》《帝系姓》等。

〔6〕《春秋》：春秋时鲁国的编年体史书，相传为孔子所删定。《国语》：见《祭公谏征犬戎》注〔2〕。

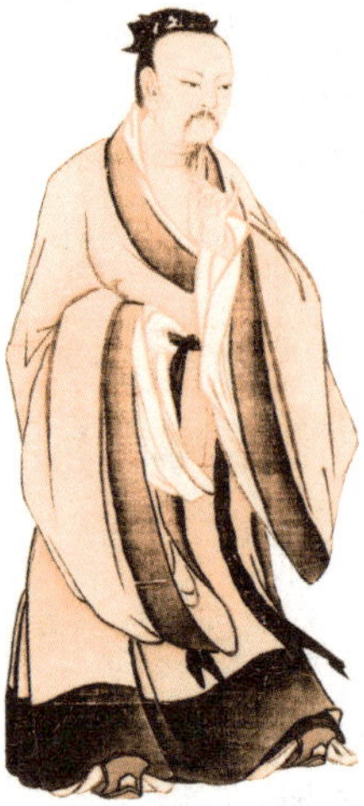

尧　号陶唐氏，史称唐尧。为陶唐氏部落首领，年老，咨询四方部落首领，命舜摄政，经三年考绩，让位于舜，史称“禅让”。

【译文】

太史公说：“研究学问的人多称道五帝，五帝距今已经很久远了。但是《尚书》只记载了唐尧以来的史事，而诸子百家谈论黄帝，他们的文章并不确切可信，就连士大夫也难以断定。孔子所传下来的《宰予问五帝德》和《帝系姓》，儒生们有的怀疑，又不肯传习。我曾经西至空峒，北过涿鹿，东到大海，南渡长江、淮河，到老年人都各自常常称说黄帝、唐尧、虞舜的地方，耳闻目睹的风俗教化，本来就有所不同。总而言之，以不背离古书所记载的为接近事实。我阅览《春秋》、《国语》，它们阐发《五帝德》、《帝系姓》两篇所记载的是非常明显的，只是人们一般没有深入思考，但它们所记载的都不虚妄。《尚书》的记载早就是有残缺脱漏的，那些散失的史料，却往往见于其他的古籍中。除非好学深思，心领神会其中意思的，本来就难以向见识浅薄、孤陋寡闻的人谈论的。我把史料合并，按次序编排，选择其中最为正确的记载，所以写成《五帝本纪》，作为“本纪”的第一篇。

项羽本纪赞

《史记》

【题解】

《项羽本纪》是《史记》十二本纪之一。它记述了项羽一生的经历及其成败的关键，歌颂了项羽的英勇善战和他在灭秦过程中的功勋，揭示了他性格上的缺点和政策上的失误，充分地表现了他这个悲剧人物的主要特征。同时，也勾画出了秦汉之际错综复杂的政治斗争形势。篇末司马迁的评论概括论述了项羽的功过是非和失败原因。项羽迅速崛起，秦灭亡以后分封王侯，颁布政令，自号霸王，史未曾有。但他以功劳自负，要以武力统治天下，终至失败。

【原文】

太史公曰：吾闻之周生曰，“舜目盖重瞳

子”[1]，又闻项羽亦重瞳子。羽岂其苗裔邪？何兴之暴也[2]？夫秦失其政，陈涉首难，豪杰蜂起，相与并争，不可胜数[3]。然羽非有尺寸，乘势起陇亩之中，三年，遂将五诸侯灭秦，分裂天下而封王侯，政由羽出，号为霸王。位虽不终，近古以来，未尝有也。及羽背关怀楚，放逐义帝而自立，怨王侯叛己，难矣[4]。自矜功伐，奋其私智，而不师古，谓霸王之业，欲以力征经营天下，五年，卒亡其国，身死东城，尚不觉寤，而不自责，过矣[5]。乃引“天亡我，非用兵之罪也”，岂不谬哉！

【注释】

〔1〕周生：汉代的一个儒生，事迹不详。重瞳子：双瞳孔，即一个眼珠里有两个瞳孔。

〔2〕苗裔：后代子孙。

〔3〕陈涉：名胜，字涉。秦末与吴广首先起兵反秦，是著名农民起义军领袖。

〔4〕义帝：楚怀王的孙子熊心。公元前208年，项梁（项羽的叔父）起义后立他为楚怀王。公元前206年，项羽尊他为义帝，后又放逐他，并把他杀害了。

〔5〕矜：夸耀。伐：功劳。东城：在今安徽定远县东南。寤：通“悟”。

【译文】

太史公说：我听周生说：“虞舜的眼睛有两个瞳孔。”又听说项羽也是眼睛有两个瞳孔。项羽难道是舜的后代吗？为什么兴起得那么快呢？秦朝的政治残暴，陈涉首先发难，起义反秦，当时的英雄豪杰蜂起响应，相互争夺天下，人数多得不可胜数。然而项羽没有尺寸之地可作凭借，乘着当时的形势，从民间兴起，不过三年，就率领五国诸侯灭亡了秦朝，随后分割天下，封授王侯，一切政令都由项羽发布，自己号为西楚霸王。他的王位虽然没有坐到底，可是近古以来，还不曾有过像他这样的人物。等到项羽放弃关中，怀恋楚地，想东归定都彭

项羽　即项籍，字羽。下相（今江苏宿迁）人，秦二世元年（前209年）从叔父项梁举兵反秦于吴。进军关中，杀秦降王子婴，焚宫室，自立为“西楚霸王”。此后又与刘邦争天下，展开了长达四年的“楚汉战争”。前202年，项羽被困于垓下（今安徽灵璧），自刎而死。

城，放逐义帝而自立为王时，再埋怨王侯们背叛自己，这就难了。自我夸耀战功，逞自己一人的聪明，而不效法古人，说霸王之业，要依靠武力征战，才能统治天下。结果过了五年，终于使自己的国家灭亡，自己死在东城，还没有觉悟，不肯责备自己，这已经是大错了啊！却还借口“这是上天要亡我，并不是我用兵的过错”，这难道不是荒谬的吗？

太史公自序

《史记》

【题解】

本文是《史记》的最后一篇，包括三部分内容。首先叙述司马氏的世系及司马迁的父亲司马谈论述阴阳、儒、墨、名、法和道德六家的要旨；其次叙述司马迁自己的经历及写作《史记》的原由旨趣；最后对《史记》全书一百三十篇依次作了简要介绍。本篇是节选第二部分的一些文字。通过司马迁和壶遂的问答，表明了他写作《史记》的意图，即从孔子总结过中国古代的文化以后，过了几百年，需要再作一次总结式的整理，他勇敢地担当起了这个任务。后来他遭受了李陵之祸，仍然忍辱发愤，顽强写作，终于完成了《史记》这一部书。

【原文】

太史公曰：“先人有言：‘自周公卒，五百岁而生孔子[1]。孔子卒后，至于今五百岁，有能绍明世，正《易传》，继《春秋》，本《诗》、《书》、《礼》、《乐》之际。’意在斯乎！意在斯乎！小子何敢让焉！”

上大夫壶遂曰：“昔孔子何为而作《春秋》哉[2]？”太史公曰：“余闻董生曰：‘周道衰废，孔子为鲁司寇，诸侯害之，大夫壅之[3]。孔子知言之不用，道之不行也，是非二百四十二年之中，以为天下仪表。贬天子，退诸侯，讨大夫，以达王事而已矣[4]。’子曰：‘我欲载之空言，不如见之于行事之深切著明也。’夫《春秋》上明三王之道，下辨人事之纪，别嫌疑，明是非，定犹豫，善善恶恶，贤贤贱不肖，存亡国，继绝世，补敝起废，王道之大者也[5]。《易》著天地、阴阳、四时、五行，故长于变；《礼》经纪人伦，故长于行；《书》记先王之事，故长于政；《诗》记山川、溪谷、禽兽、草木、牝牡、雌雄，故长于风[6]；《乐》乐所以立，故长于和；《春秋》辨是非，故长于治人。是故《礼》以节人，《乐》以发和，《书》以道事，《诗》以达意，《易》以道化，《春秋》以道义。拨乱世反之正，莫近于《春秋》。《春秋》文成数万，其指数千，万物之散聚，皆在《春秋》。《春秋》之中，弑君三十六，亡国五十二，诸侯奔走不得保其社稷者，不可胜数。察其所以，皆失其本已。故《易》曰：'失之毫厘，差以千里[7]。'故曰：'臣弑君，子弑父，非一旦一夕之故也，其渐久矣[8]。'故有国者，不可以不知《春秋》，前有谗而弗见，后有贼而不知。为人臣者，不可以不知《春秋》，守经事而不知其宜，遭变事而不知其权。为人君父而不通于《春秋》之义者，必蒙首恶之名；为人臣子而不通于《春秋》之义者，必陷篡弑之诛，死罪之名。其实皆以为善，为之不知其义，被之空言而不敢辞。夫不通礼义之旨，至于君不君，臣不臣，父不父，子不子。君不君则犯，臣不臣则诛，父不父则无道，子不子则不孝。此四行者，天下之大过也。以天下之大过予之，则受而弗敢辞。故《春秋》者，礼义之大宗也。夫礼禁未然之前，法施已然之后，法之所为用者易见，而礼之所为禁者难知。"

壶遂曰："孔子之时，上无明君，下不得任用，故作《春秋》，垂空文以断礼义，当一王之法。今夫子上遇明天子，下得守职，万事既具，咸各序其宜。夫子所论，欲以何明？”太史公曰：“唯唯，否否，不然[9]。余闻之先人曰：‘伏羲至纯厚，作《易》八卦；尧、舜之盛，《尚书》载之，《礼》《乐》作焉；汤、武之隆，诗人歌之；《春秋》采善贬恶，推三代之德，褒周室，非独刺讥而已也[10]。’汉兴以来，至明天子，获符瑞，建封禅，改正朔，易服色，受命于穆清，泽流罔极[11]。海外殊俗，重译款塞，请来献见者，不可胜道。臣下百官，力诵圣德，犹不能宣尽其意。且士贤能而不用，有国者之耻；主上明圣而德不布闻，有司之过也。且余尝掌其官，废明圣盛德不载，灭功臣世家贤大夫之业不述，堕先人所言，罪莫大焉！余所谓述故事，整齐其世传，非所谓作也。而君比之于《春秋》，谬矣。”

于是论次其文。七年，而太史公遭李陵之祸，幽于缧绁，乃喟然而叹曰[12]：“是余之罪也夫！是余之罪也夫！身毁不用矣。”退而深惟曰：“夫《诗》、《书》隐约者，欲遂其志之思也。昔西伯拘羑里，演《周易》[13]；孔子厄陈、蔡，作《春秋》[14]；屈原放逐，著《离骚》[15]；左丘失明，厥有《国语》[16]；孙子膑脚，而论兵法[17]；不韦迁蜀，世传《吕览》[18]；韩非囚秦，《说难》、《孤愤》[19]；《诗》三百篇，大抵贤圣发愤之所为作也。此人皆意有所郁结，不得通其道也，故述往事，思来者。”于是卒述陶唐以来，至于麟止，自黄帝始[20]。

【注释】

〔1〕先人：司马迁的父亲司马谈。周公：姬旦，周文王之子，武王之弟，成

王之叔。成王即位时因年幼，由周公摄政。

〔2〕壶遂：与司马迁同时的官员，官职为詹事（掌皇后太子家事），位在上大夫之列。

〔3〕董生：指董仲舒。西汉哲学家，今文经学大师。司寇：春秋时掌管刑法、监狱的官。

〔4〕王事：即王道，主要是尊周室，攘夷狄。

〔5〕三王：指夏禹、商汤、周文王。

〔6〕牝牡（pìn mǔ）：牝为雌性的鸟、兽，牡为雄性的鸟、兽。

〔7〕失之毫厘：两句见《易经·通卦验》，今本《易经》无此两句。

〔8〕臣弑君：四句见《易·坤·文言》，末句有所不同。

〔9〕明天子：圣明天子。指汉武帝。

〔10〕伏羲：即太昊氏，又称庖牺氏。传说中的三皇之一。

〔11〕符瑞：吉祥的象征。这里是指汉武帝在元狩元年（前122）西狩至雍地得到白麟的事。封禅（shàn）：古代帝王祭祀天地的隆重典礼。封，帝王在泰山建台祭天，以报天之功。禅，在泰山下的梁公山上辟基祭地，以报地之功。改正朔：即改历法。正，岁首；朔，初一。易服色：改变衣着及器物等的颜色。汉朝初年用秦朝历法，以十月为岁首，崇尚黑色。汉武帝太初元年（前104）改历法，以正月为岁首，崇尚黄色。

〔12〕李陵之祸：李陵为李广之孙，因战败而投降匈奴。司马迁为李陵辩护。汉武帝认为这是诋毁贰师将军李广利，判处司马迁宫刑。

〔13〕西伯：即周文王姬昌。羑（yǒu）里：在今河南汤阴县境内。

〔14〕孔子厄陈、蔡：孔子周游列国时曾在陈、蔡之间被围攻，又绝粮。回到鲁国后写作《春秋》。

〔15〕屈原：见本书《屈原列传》。

〔16〕左丘：左丘明，春秋时期鲁国史官。

〔17〕孙子：即孙膑，战国时大军事家，著有《孙膑兵法》。

〔18〕不韦：即吕不韦，秦始皇的相国。曾组织门客编著《吕氏春秋》（又名《吕览》）。

〔19〕韩非：战国时期的韩国人，法家代表人物，著有《韩非子》。

〔20〕陶唐：陶唐氏，即尧。黄帝：即轩辕氏，中原各族的共同祖先。

【译文】

太史公说："先父曾说：'周公死后五百年，出现了孔子。孔子死后到现在又有五百年了，有谁能继续评述清明盛世的历史，纠正对《周易》的解释，继承《春秋》的精神，遵照《诗》、《书》、《礼》、《乐》的原则，来衡量研究一切呢。'这话的意思就在这里

孔子　春秋末期思想家，政治家，教育家，儒家学派的创始人。字仲尼。鲁国陬邑（今山东曲阜）人，被后代统治者推崇为“至圣先师”。

吧！我怎敢推辞呢！”

上大夫壶遂说：“从前孔子为什么要作《春秋》呢？”太史公说：“我听董先生说：‘周朝的政治衰败，孔子做鲁国的司寇，诸侯们迫害他，大夫们排挤他。孔子知道自己的主张不被采用，王道已经不再能施行，就把自己的观点渗透在对以往二百四十二年历史的评价、褒贬中，以此作为天下人的准则。他褒贬天子，斥责诸侯，声讨大夫，以达到恢复王道罢了。’孔子说：‘我如果只记载一些空话，不如把我的主张深刻而显明地体现在对历史事件的记述中。’《春秋》这部书，往上阐明了三王治世的道理，往下分辨了人世的伦理纲常，判别了嫌疑，辨明了是非，判定世人犹豫不决的问题，赞扬了善良，贬斥了丑恶，歌颂了贤人，鄙视了不肖的人，保存了已衰亡国家的一些东西，继承了已绝世的一些东西，补救了弊端，振兴了衰废，这些都是王道的大事。《易》说明了天地、阴阳、四时、五行的关系，长于叙述自然的变化。《礼》规定了人伦关系，长于指导人们的行为。《书》记述了前代帝王的事业，长于阐明政治。《诗》描写了山川、溪谷、禽兽、牝牡、雌雄等事物，长于表现百姓的风俗。《乐》确立了音乐表现的原则，长于使人们和谐。《春秋》辨明了是非，长于治理百姓。因此，《礼》用来节制人的行为，《乐》用来表现和谐的感情，《书》用来指导政事，《诗》用来表达思想感情，《易》用来研究自然的变化，《春秋》用来教导人遵守道义。政治上拨乱反正，没有比《春秋》更需要的了。《春秋》文字有几万，它所指的事情有几千，万物聚散的道理，都记载在《春秋》里面。《春秋》中记载了杀死国君的事有三十六起，国家灭亡有五十二个，诸侯逃亡不能保住国家的不可胜数，考察它的原因，都是由于丢掉了《春秋》等书所阐述的根本原则。所以《易》说：‘失之毫厘，差以千里。’又说：‘臣杀君，子杀父，不是一朝一夕的原因，而是长时间内逐渐发展成的。’因此，做国君的不可以不知道《春秋》，不然前面有人进谗言他看不出，后面有奸贼他不知道，做臣子的不可以不知道《春秋》，不然管理日常事务不知道怎么办才最适当，遇到事变不知道怎样权衡应变。作为国君、父亲而不通晓《春秋》

的大义，必定要蒙受首恶的罪名；作为臣下、儿子而不通晓《春秋》的大义，必定会陷入篡位杀父而自己被杀的境地，落个死罪的坏名声。其实他们都以为自己是在做好事，做了的事连自己也不知道是否合乎礼义，结果别人给他加上空洞的罪名也不敢推卸。由于不通晓礼义的内容，以致弄得君不像君，臣不像臣，父不像父，子不像子。君不像君，会受到臣子的侵犯；臣不像臣，就会犯罪而被杀；父不像父，就会抛弃伦理道德；子不像子，就会不孝。这四种行为，是天下的大过错。把天下大过错的罪名加在他们的头上，就只能接受，不敢推卸。所以《春秋》是礼义的根本。礼是在坏事发生之前加以预防，法是在坏事发生以后加以处置，法所起的作用是容易看见的，而礼所起的防止作用却难以为人知道。”

壶遂说：“孔子的时候，上面没有圣明君主，下面的人才得不到任用，所以他才著《春秋》，用文辞来论断礼义，当做一个圣王的法典。现在先生您遇上了圣明天子，在下面可以尽到职守，万事齐备，都安排得很适宜。您所论述的是想要说明什么呢？”太史公说：“是啊，是啊，但是不对，不对，不能这么说！我曾听先父说：‘伏羲最纯朴厚道，创作了《易》的八卦；尧、舜的盛德，《尚书》作了记载，《礼》、《乐》也在这时创作出来了；商汤、周武王功业的兴隆，诗人歌颂了它。《春秋》采善贬恶，推崇夏、商、周三代的德行，褒扬周朝，不仅仅是讽刺而已。’汉朝建国以来，直到现在的圣明天子，获得了吉祥的符瑞，筑坛祭祀天地，改革了历法，变换了衣服、器物的颜色，受命于天，天子的恩泽无边无尽。四海之外不同风俗的人，通过辗转翻译，叩击边关大门，请求来进贡和朝见的，不胜枚举。臣下百官极力颂扬天子的圣德，也还不能说尽他们的心意。况且，贤能的士人如果不被任用，就被看做是君主的耻辱；圣明君主的仁德不能宣扬传布，是有关官吏的过错。而且我曾担任过史官，废弃君主的圣明盛德不记载，埋没功臣、世家、贤大夫的功业不记述，忘记了父亲的教导，这种罪过就太大了。我是记述历史事实，整理他们的世家、传记，不能算是什么创作，而您把它比作《春秋》，那就错了。”

孙膑　战国初期军事家，齐国军师。孙武后代。曾与庞涓同学兵法，后因协助田忌等设计谋先后大败魏军于桂陵、马陵，庞涓自杀，由此名扬天下。

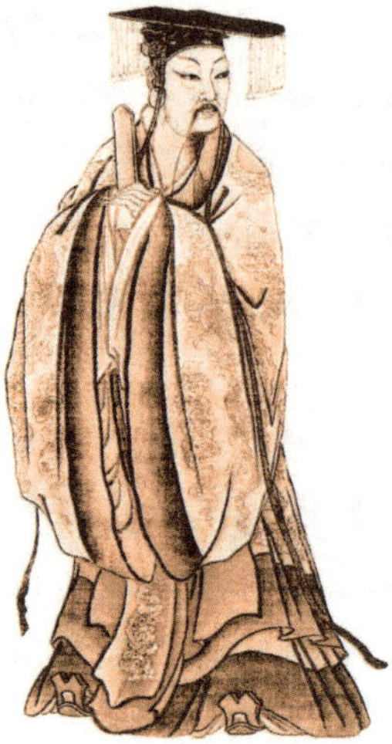

禹　姓姒氏，号禹。因治水有功，被尊称为“大禹”。后继舜为帝。称国号“夏”故称“夏禹”。

于是我把有关史料研究编排成文，历时七年。太史公遭到李陵之祸，被幽禁监狱中，深深叹息说：“这是我的罪过啊，这是我的罪过！身体被毁，没有什么用了！”事后我又做了一番深思：“那《诗》、《书》写得含蓄简约，是作者出于更好地表达他们的思想。从前西伯被拘禁在羑里，推演出了《周易》；孔子在陈、蔡受困厄后，著作了《春秋》；屈原被放逐，创作了《离骚》；左丘明双目失明，才写出《国语》；孙子被割去膝盖骨，兵法才得以写成；吕不韦贬到蜀地，世上才流传《吕览》；韩非被囚禁在秦国，《说难》、《孤愤》因而问世；《诗》三百篇，大都也是贤人、圣人为了抒发内心郁结愤懑才创作的。这些人都是因为内心郁结，不能实现他们的理想，才追述往事，寄希望于将来的人能了解自己。”于是我终于记述了从黄帝开始，经陶唐直到汉武帝获麟为止的历史。

报任安书

司马迁

【题解】

任安，字少卿，荥（xíng）阳（今河南荥阳县东北）人，汉武帝时任益州刺史、北军使者护军等职。他是司马迁的朋友，于大始四年（前93）写信给司马迁，希望司马迁“推贤进士”。在戾太子刘据遭江充诬陷、起兵讨江失败自杀的过程中，任安因接受过刘据的命令而被捕。同年十一月，司马迁考虑任安生死莫测，便写了这一封回信，以无限激愤的心情，述说了自己的不幸遭遇，抒发了内心的痛苦和愤懑，揭露了武帝的喜怒无常、是非不明，提出了进步的生死观，表现了为实现理想而坚韧不拔的战斗精神。本篇选自《汉书·司马迁传》。

【原文】

太史公牛马走司马迁再拜言，少卿足下[1]：曩者辱赐书，教以慎于接物，推贤进士为务。意气勤勤恳恳，若望仆不相师，而用流俗人之言，仆非敢如此也。仆虽罢驽，亦尝侧闻长者之遗风矣[2]。顾自以为身残处秽，动而见尤，欲益反损，是以独抑郁而谁与语[3]？谚曰："谁为为之，孰令听之？"盖钟子期死，伯牙终身不复鼓琴[4]。何则？士为知己者用，女为说己者容。若仆大质已亏缺矣，虽才怀随、和，行若由、夷，终不可以为荣，适足以见笑而自点耳[5]。书辞宜答，会东从上来，又迫贱事，相见日浅，卒卒无须臾之闲，得竭志意。今少卿抱不测之罪，涉旬月，迫季冬，仆又薄从上雍，恐卒然不可为讳，是仆终已不得舒愤懑以晓左右，则长逝者魂魄，私恨无穷[6]。请略陈固陋。阙然久不报，幸勿为过。

仆闻之：修身者，智之符也；爱施者，仁之端也；取予者，义之表也；耻辱者，勇之决也；立名者，行之极也。士有此五者，然后可以托于世，而列于君子之林矣。故祸莫憯于欲利，悲莫痛于伤心，行莫丑于辱先，诟莫大于宫刑[7]。刑余之人，无所比数，非一世也，所从来远矣。昔卫灵公与雍渠同载，孔子适陈；商鞅因景监见，赵良寒心[8]。同子参乘，袁丝变色：自古而耻之[9]。夫中材之人，事有关于宦竖，莫不伤气，而况于慷慨之士乎[10]？如今朝廷虽乏人，奈何令刀锯之余，荐天下之豪俊哉？仆赖先人绪业，得待罪辇毂下，二十余年矣[11]。所以自惟：上之，不能纳忠效信，有奇策才力之誉，自结明主；次之，又不能拾遗补阙，招贤进能，显岩穴之士[12]；外之，不能备行伍，攻城野战，有斩将搴旗之功；下之，不能积日累劳，取尊官厚禄，以为宗族交游光宠。四者无一遂，苟合取容，无所短长之效，可见于此矣。向者仆亦尝厕下大夫之列，陪奉外廷末议，不以此时引纲维，尽思虑，今已亏形为扫除之隶，在阘茸之中，乃欲仰首伸眉，论列是非，不亦轻朝廷羞当世之士邪[13]？嗟乎！嗟乎！如仆尚何言哉？尚何言哉？

且事本末，未易明也。仆少负不羁之才，长无乡曲之誉。主上幸以先人之故，使得奏薄伎，出入周卫之中[14]。仆以为戴盆何以望天，故绝宾客之知，忘室家之业，日夜思竭其不肖之才力，务一心营职，以求亲媚于主上，而事乃有大谬不然者！

夫仆与李陵俱居门下，素非能相善也。趣舍异路，未尝衔杯酒，接殷勤之余欢[15]。然仆观其为人，自守奇士：事亲孝，与士信，临财廉，取与义，分别有让，恭俭下人，常思奋不顾身，以徇国家之急。其素所蓄积也，仆以为有国士之风。夫人臣出万死不顾一生之计，赴公家之难，斯已奇矣。今举事一不当，而全躯保妻子之臣，随而媒蘖其短，仆诚私心痛之[16]。且李陵提步卒不满五千，深践戎马之地，足历王庭，垂饵虎口，横挑强胡，仰亿万之师，与单于连战十有馀日，所杀过当[17]。虏救死扶伤不给，旃裘之君长咸震怖，乃悉征其左右贤王，举引弓之民，一国共攻而围之[18]。转斗千里，矢尽道穷，救兵不至，士卒死伤如积。然陵一呼劳军，士无不起，躬自流涕，沫血饮泣，更张空拳，冒白刃，北向争死敌者。陵未没时，使有来报，汉公卿王侯，皆奉觞上寿。后数日，陵败书闻，主上为之食不甘味，听朝不怡，大臣忧惧，不知所出。仆窃不自料其卑贱，见主上惨怆怛悼，诚欲效其款款之愚。以为李陵素与士大夫绝甘分少，能得人之死力，虽古之名将，不能过也[19]。身虽陷败，彼观其意，且欲得其当而报于汉。事已无可奈何，其所摧败，功亦足以暴于天下矣。仆怀欲陈之而未有路，适会召问，即以此指推言陵之功，欲以广主上之意，塞睚眦之辞[20]。未能尽明，明主不晓，以为仆沮贰师，而为李陵游说，遂下于理[21]。拳拳之忠，终不能自列。因为诬上，卒从吏议[22]。家贫，货赂不足以自赎，交游莫救，左右亲近，不为一言[23]。身非木石，独与法吏为伍，深幽囹圄之中，谁可告愬者！此真少卿所亲见，仆行事岂不然乎？李陵既生降，颓其家声，而仆又佴之蚕室[24]，重为天下观笑。悲夫！悲夫！事未易一二为俗人言也。

仆之先，非有剖符丹书之功，文史星历，近乎卜祝之间，固主上所戏弄，倡优所畜，流俗之所轻也[25]。假令仆伏法受诛，若九牛亡一毛，与蝼蚁何以异？而世俗又不能与死节者比，特以为智穷罪极，不能自免，卒就死耳。何也？素所自树立使然也。人固有一死，或重于泰山，或轻于鸿毛，用之所趋异也。太上不辱先，其次不辱身，其次不辱理色，其次不辱辞令；其次诎体受辱，其次易服受辱；其次关木索、被箠楚受辱，其次剔毛发、婴金铁受辱；其次毁肌肤、断肢体受辱，最下腐刑极矣[26]！传曰：“刑不上大夫。”此言士节不可不勉励也[27]。猛虎在深山，百兽震恐，及在槛穽之中，摇尾而求食，积威约之渐也。故士有画地为牢，势不可入，削木为吏，议不可对，定计于鲜也。今交手足，受木索，暴肌肤，受榜箠，幽于圜墙之中。当此之时，见狱吏则头抢地，视徒隶则心惕息。何者？积威约之势也。及以至是，言不辱者，所谓强颜耳，曷足贵乎？且西伯，伯也，拘于羑里[28]；李斯，相也，具于五刑[29]；淮阴，王也，受械于陈；彭越、张敖，南面称孤，系狱抵罪；绛侯诛诸吕，权倾五伯，囚于请室；魏其，大将也，衣赭衣，关三木；季布为朱家钳奴；灌夫受辱于居室[30]。此人皆身至王侯将相，声闻邻国，及罪至罔加，不能引决自裁，在尘埃之中，古今一体，安在其不辱也？由此言之，勇怯，势也；强弱，形也。审矣，何足怪乎？夫人不能早自裁绳墨之外，以稍陵迟，至于鞭箠之间，乃欲引节，斯不亦远乎！古人所以重施刑于大夫者，殆为此也。夫人情莫不贪生恶死，念父母，顾妻子。至激于义理者不然，乃有所不得已也。今仆不幸，早失父母，无兄弟之亲，独身孤立，少卿视仆于妻子何如哉？且勇者不必死节，怯夫慕义，何处不勉焉？仆虽怯懦，欲苟活，亦颇识去就之分矣，何至自沉溺缧绁之辱哉？且夫臧获婢妾，犹能引决，况仆之不得已乎[31]？所以隐忍苟活，幽于粪土之中而不辞者，恨私心有所不尽，鄙陋没世，而文采不表于后世也。

古者富贵而名摩灭，不可胜记，唯倜傥非常之人称焉。盖文王拘而演《周易》；仲尼厄而作《春秋》；屈原放逐，乃赋《离骚》；左丘失明，厥有《国语》；孙子膑脚，兵法修列；不韦迁蜀，世传《吕览》；韩非囚秦，《说难》《孤愤》；《诗》三百篇，大氐贤圣发愤之所为作也。此人皆意有所郁结，不得通其道，故述往事，思来者。乃如左丘无目，孙子断足，终不可用，退而论书策以舒其愤，思垂空文以自见。仆窃不逊，近自托于无能之辞，网罗天下放失旧闻，略考其事，综其终始，稽其成败兴坏之纪，上计轩辕，下至于兹，为十表，本纪十二，书八章，世家三十，列传七十，凡百三十篇。亦欲以究天人之际，通古今之变，成一家之言。草创未就，会遭此祸，惜其不成，是以就极刑而无愠色。仆诚以著此书，藏之名山，传之其人，通邑大都，则仆偿前辱之责，虽万被戮，岂有悔哉！然此可为智者道，难为俗人言也。

且负下未易居，下流多谤议。仆以口语遇遭此祸，重为乡党所戮笑，以污辱先人，亦何面目复上父母之丘墓乎？虽累百世，垢弥甚耳！是以肠一日而九回，居则忽忽若有所亡，出则不知其所往。每念斯耻，汗未尝不发背沾衣也。身直为闺阁之臣，宁得自引深藏于岩穴邪？故且从俗浮沉，与时俯仰，以通其狂惑。今少卿乃教以推贤进士，无乃与仆私心剌谬乎？今虽欲自雕琢，曼辞以自饰，无益，于俗不信，适足取辱耳。要之，死日然后是非乃定。书不能悉意，略陈固陋。谨再拜。

【注释】

〔1〕牛马走：驾驭牛马的仆人。这是司马迁自谦的说法。

〔2〕罢驽：劣马。罢，通“疲”。

〔3〕身残：指受过宫刑。尤：过错，罪过，引申为指责。

〔4〕钟子期：春秋时楚国人，最能欣赏伯牙的琴意。

〔5〕由、夷：许由、伯夷。

〔6〕季冬：十二月。汉代法律规定，十二月处决死刑犯人。不可为讳：指任安十二月将被处死。左右：指任安，表示尊敬。

〔7〕宫刑：古代割除男子生殖器的刑罚。

〔8〕商鞅：秦孝公时著名改革家，曾协助秦孝公变法。赵良：秦孝公时的贤士，曾劝商鞅引退。

〔9〕同子：赵谈。因谈字与司马迁父亲司马谈的谈相同，为避讳所以用同子。袁丝：袁盎，字丝，汉文帝时官至太常。

〔10〕宦竖：宦官。宦，宦官。竖，宫廷中供役使的小臣。

〔11〕绪业：余业。指太史令官职。这是司马迁父亲留下的。辇毂：本为皇帝的车驾，作京城的代称。

〔12〕拾遗补阙：为皇帝拾取遗忘的弥补缺失的。指向皇帝进谏。阙，同“缺”。岩穴之士：指隐居山林岩穴的隐士。

〔13〕厕：杂。自谦之词。下大夫：古代分大夫为上、中、下三等，太史令千石，故比下大夫。外廷：指外朝官。太史令属外朝官。阘茸（tǎ róng）：卑贱。阘，小户，引申为卑下。茸，细毛。

〔14〕周卫：防卫周密的地方，指宫禁。

〔15〕李陵：汉名将李广的孙子。汉武帝时为骑都尉。与匈奴交战，因矢尽无援，战败投降，后病死匈奴。他在任侍中时，与司马迁都是可以出入宫门的官员，所以下文有“俱居门下”句。

〔16〕媒蘖（niè）：酒曲。这里作动词用，有酿成的意思。

〔17〕单于：古代匈奴的君主。

〔18〕旃（zhān）裘：匈奴人的毛毡、皮裘。这里指匈奴。旃，通“毡”。

〔19〕士大夫：指李陵部下的将士。

〔20〕睚眦：瞪大眼睛怒视。指瞪眼激烈批评人的人。

〔21〕贰师：指贰师将军李广利。李陵与匈奴作战时，李广利是当时的领兵主帅。李陵被围，李广利未及时救援，导致失败。司马迁为李陵辩护，汉武帝认为他意在毁坏李广利的名声。李广利是汉武帝宠妃李夫人的哥哥。理：大理，即廷尉，掌管刑法的官。

〔22〕拳拳：忠诚恭谨的样子。列：陈述。

〔23〕自赎：按汉代法律规定，罪犯可以用钱赎罪。

〔24〕佴（ěr）：次，指司马迁的罪在李陵的第二位。蚕室：温室。受过宫刑的人害怕风寒，必须住在像养蚕的暖房里。

〔25〕剖符：剖分开的信符，上写誓词，君臣各执一半，作为凭证。丹书：在铁券上用硃砂写上誓词，作为后世子孙犯罪可以得到赦免的凭信。

〔26〕太上：最上。诎：被捆绑。诎，通“屈”。腐刑：即宫刑。

〔27〕传曰：以下引文见《礼记 · 曲礼上》。

〔28〕西伯：周文王姬昌。 羑里，在今河南汤阴境内。

〔29〕李斯：秦始皇的丞相。五刑：墨（黥面）、劓（割鼻子）、刖（斩左右趾）、宫（男子阉割、女子幽闭）、杀（死刑）。

〔30〕淮阴：指淮阴侯韩信，曾封为楚王。彭越：汉高祖的功臣，被封为梁王，因谋反罪，被灭三族。张敖：汉高祖的女婿，因谋反罪入狱。请室：请罪之室，实为囚禁犯罪官吏的牢狱。季布：项羽的将领。项羽失败后，他曾卖身为奴。灌夫：汉武帝时为太仆，因得罪丞相田蚡，被囚。居室：官署，囚禁犯人的地方。

〔31〕臧获：古时对奴婢的贱称。

【译文】

太史公司马谈的掌牛马的仆人司马迁再拜而说：少卿足下，前不久承蒙您惠赐书信，指教我要以谨慎地接人待物、推荐贤良和引进士人为己任。您的心意殷切诚恳，怨责我没有听从您的意见，却顺从世俗之人的言辞。我其实并不敢这样的。我虽然才能低下，但是也曾经听说过德高望重的长者遗留下来的风范。只是我自认为身体已残地位贱秽，动辄受到指责，想于事有所增益结果反而损害，所以抑郁愁闷而无人诉说。谚语说："为谁去做，又叫谁来听从！"钟子期死，伯牙终身不再弹琴。为什么？士为知己者用，女为悦己者容。像

周文王　姬昌，周族领袖，商纣时为西伯。他在位50年间，国势强盛。庙号文王。

我身体已残损，虽然怀有像随侯珠、和氏璧那样稀有的才能，行为如同许由、伯夷一样，终究不可以引以为光荣，只足以使人发笑而自招耻辱罢了。您的来信本应回复，刚巧我侍从皇上东巡回来，又迫于繁琐事务的缠绕，同您见面的日子很少，匆匆忙忙没有一点时间来详尽地表达我的心意。如今少卿蒙受死罪，再过一个月，接近十二月，又临近侍从皇上到雍地的时间了，恐怕突然之间无法与您相见，使我终生不得向您倾吐我心中的愤懑，那么长逝而去的人的魂魄将留下无穷的憾恨。请允许我约略陈述我的固陋之见。回信很晚，希望您不要责怪。

我听说，修身养性智慧将集于一身，乐善好施是"仁"的开端，有所取舍是"义"的表现，耻于羞辱是勇敢的决断，建立美好的名声是品德高尚的结果。一个人具备了这五种德行，然后才可以寄身于世，列于君子之林。所以灾祸没有比贪利更为悲惨的了，悲哀没有比灵魂受到创伤更为痛苦的了，行为没有比辱没祖先更为丑恶的了，而耻辱没有比身受宫刑更大的了。受过宫刑的人，无法与君子相提并论，这并非一个朝代如此，其由来已久了。从前卫灵公与雍渠同车，孔子以此为辱离开卫国去了陈国；商鞅依靠宦官景监引见而得重用，赵良感到寒心；宦官赵同陪同汉文帝乘车，袁盎见了脸色都改变了，自古以来都鄙视宦官。才能中等的人，一旦事情关乎到宦官，没有不挫伤志气的，何况慷慨志士呢？如今朝中虽然缺乏人才，可又怎能让我这受过刀锯之刑的人来推荐天下豪杰人才呢！我倚赖先人留下的功业，才得以在京师做官，二十多年了。所以自思：对上，我不能尽忠效力，得到有奇谋妙计材力非凡的称誉以得到圣明君主的赏识；其次，又不能替皇上拾遗补缺，招纳贤才，推荐能人，使隐居的贤士显见；对外，不能参加军队，攻城野战，获得斩将夺旗的功劳；再下，不能连日辛劳，来获取高官厚禄，来为祖

先宗族、朋友争光添辉。四个方面没有一个能够实现的，苟且偷安，取得皇帝的收容，无有所长，没有建树，由此可见。以前我也曾侧身于大夫之列，陪坐在议事的朝堂发表一些微不足道的议论，不趁着这时申张纲纪，竭尽思虑，如今已经身残成为扫除的奴隶，处于卑贱人中，要想昂首扬眉，评论是非，不也是轻视朝廷，令当世的志士蒙羞吗？唉！唉！像我这样的人，还有什么可说的！还有什么可说的！

况且事情的原委始末一般人也不易明白。我自少年起就没有非凡的才能，成年后也没有乡里的称誉，幸亏主上因为先人的缘故，使我得以发挥一点微薄之技，出入宫禁之中。我认为头顶着盆又怎么能够仰望天空，所以断绝了朋友宾客的来往应酬，忘记了家室之业，日日夜夜殚心竭虑地竭尽自己微薄的才能，务求一心供职，来在主上面前求得恩宠。然而事情却截然相反。

我与李陵同在朝中为官，平素并不相亲善，志趣不同，各走各的路，不曾有过举杯饮酒、殷勤相向之欢。然而我观察他的为人能够守住自己的节操：侍奉父母十分孝敬，对朋友讲信用，在钱财面前十分清廉，取舍有义，知礼谦虚，恭敬谦让自甘人下，常常考虑着奋不顾身勇赴国家的急难。由他一贯的表现来看，我认为他有国士的风度。作为臣子能够冒着万死的危险，不顾一生的考虑，赴国家的急难，这已经很少见了。如今其行事一有不当，那些只顾保全自己生命和妻子儿女的大臣随即夸大李陵的过失，我的确内心感到十分痛恨。况且李陵率领军队士兵不足五千人，长驱直入匈奴之地，踏入单于的庭所，好像在虎口中垂挂诱饵，主动出击向强大的胡兵挑战，仰攻敌方亿万之师，与单于连战十余日，所杀死的敌人超过了自己的损失，使得胡虏救死扶伤都来不及。匈奴的大小头目全都闻之丧胆，于是尽征左、右贤王的全部兵力，出动了所有能拉弓的人，举国一起攻打包围李陵。李陵转战千里，箭射完了，道路走到尽头，救兵不来，士兵死伤堆积如山。然而李陵一呼劳顿的军队，士兵没有不爬起来的，他们流着眼泪，血流满面忍着悲泣，张开空弓，冒着敌人的刀剑，向北与敌人决以死战。李陵军队没有覆没之时，曾派使者送信，而汉公卿王侯全都在举杯为皇上祝寿。过后几天传来李陵兵败的奏书，主上为之食不甘味，

周勃　汉初军事家、政治家，沛县（今江苏沛县）人，汉高祖封为绛侯。

听朝时很不高兴。大臣们担忧恐惧，不知所措。我私下里不曾考虑自己身份卑贱，看见主上忧劳伤痛，确实想一效我的款款愚忠。我认为李陵平素与将士同甘共苦，能够得到众人以死报效，即便是古代名将也不过如此。虽然他身陷兵败，但看他的意思，是想寻找适当机会报效汉朝。事情已经无以挽回，而他所摧垮、打败敌军的功劳，也足以昭明于天下了。我想将我的意见陈述出来，然而没有机会。刚好碰上皇上召问，便以此阐明、强调李陵的功劳，想以此开阔主上的胸臆，堵塞那些诬陷李陵的言辞。未能详尽地说明我的意思，圣明的主上不曾深入地了解，认为我中伤贰师将军，替李陵游说，于是将我交给大理官。拳拳忠心，终于不能自我辩白，因为欺君之罪，终于皇上批准了司法官吏的判处。家中贫困，钱财不足以赎罪，朋友没有出面救助的，皇帝的左右亲信没有人为我进一言。身非木石，只与执法的官吏在一起，深深地幽禁在牢狱之中，谁可以向他倾诉！这正是少卿亲眼所见，我的所作所为难道不是这样吗？李陵已经投降，败坏了家族的名声，而我又被打入蚕室，深为天下人所嘲笑。可悲啊！可悲啊！这些事情不容易一一地向俗人说明白。

我的先人没有剖符丹书的功劳，职掌文史星历，职位与太卜、太祝近似，原是主上所戏弄，视如倡优一般豢养的，为世俗所轻视。假使我伏法被杀死，就如九牛亡一毛，与蝼蚁有什么不同？而世人又不会拿我与能够以死保全名节的人相比，只认为是智力穷乏，罪大恶极，不能自免于罪，终于走向死路罢了。为什么？自己平时所从事的事情使得如此。人固有一死，有人死得重于泰山，有人死得轻于鸿毛，这是因为他们为之而死的趋向不同。最好是不辱没祖先，其次不使自身受辱，其次不受别人脸色的侮辱，其次不受别人言辞的侮辱，其次屈体在地受辱，其次穿上囚服受辱，其次披枷带锁、遭受拷打受辱，其次剔去毛发、颈绕铁圈受辱，其次毁坏肌肤断体残肢受辱，最下是腐刑，受辱到了极点。《礼记》上说："刑不上大夫"，这是说士节不可以不磨砺。猛虎处于深山，百兽都害怕恐惧，等到它被关在陷阱、木栏之中，就只得摇尾乞食，这是人对它积攒威力和约束逐渐发展的结果。所以士人看见画地为牢决不进入，见到木头削成的假官吏也决不与之对答，在受刑之前就作好了决不受辱的打算，态度鲜明。如今手脚交错，披枷戴锁，皮肉暴露，身受捶打，被囚禁在牢狱之中，当此时，看见狱吏就以头触地，看见狱卒就心惊胆战。为什么？长期受威力和约束的压迫造成的。

等到已经到了这个地步，还说不受侮辱，只不过是厚着脸皮罢了，有什么值得尊敬的！况且西伯是诸侯的盟主，曾被拘禁在羑里；李斯，位至宰相，身受五种刑法；淮阴侯韩信，被封为王，在陈国被绑上刑具；彭越、张敖为一地之王，被捕下狱列举罪名；绛侯周勃诛杀诸吕，权势盖过五霸，被囚于请室；魏其是员大将，穿着罪人之衣，手、足、项都戴上了枷械；季布曾卖身给朱家，颈束铁圈为奴；灌夫在居室受辱。这些人全都位至王侯将相，名声为邻国所闻，等到获罪法网加身，也不能下决心自杀。在尘埃世俗之中，古今都一样，哪里有不受辱的呢！由此说来，勇敢和怯懦，是外势造成的；强与弱，也是形势造就的。仔细一想，又有什么值得奇怪的呢！况且人不能及早自杀在法律制裁之前，等到已经意志受摧折，身体受鞭打的时候，才想以死殉节，岂不是离现实太远了吗！古人之所以对施刑于大夫很慎重，差不多就是因为这个缘故。人之常情没有不贪生怕死的，念顾父母，挂念妻子儿女，至于激愤于义理的人则不是这样，他们有不得已的地方。如今我不幸早丧双亲，又无兄弟骨肉之亲情，孤身一人，独立于世，少卿你看我对妻子儿女又怎么样呢？况且勇敢的人不一定要以死殉节，懦夫仰慕节义，也可以勇敢献生，看在什么场合罢了。我虽然怯懦，想苟且偷生，也颇能分别舍生取义的界限，何至于自甘陷溺于牢狱忍受耻辱呢！况且卑贱的奴婢尚且能够自杀，何况像我这样到了不得已的地步！之所以隐忍着耻辱苟且活下来，置身于粪土之中而不辞却的原因，是遗憾我内心的愿望没有完成，我如果死了，那么我的文章就不能公之于后世了。

古代有钱有势而名字磨灭的人，不可胜数，只有卓越非凡的人为后世称道。西伯被拘禁而推演《周易》；孔子受困厄而作《春秋》；屈原遭放逐乃赋《离骚》；左丘失明，才有《国语》；孙膑受膑刑修纂《兵法》；吕不韦贬放蜀地，世上流传《吕览》；韩非子被囚于秦国而著《说难》、《孤愤》。《诗》三百篇，大都是圣人贤者抒发内心幽愤而作的。这些人都内心郁闷不平，无法实现自己的理想，所以追述往事，遥思未来。就像左丘明眼睛看不见，孙膑断了双脚，终于不被重用，于是退而著书立说来发泄幽愤，希望通过文辞来表现自己的志向。我私下里不自量力，近来将自己寄托在不高明的文章中，网罗搜集天下逸失的旧闻，考证其史实，总结其成败兴坏的道理，上自轩辕黄帝，下至当世，共分为表十篇，本纪十二篇，书八章，世家三十篇，列传七十篇，一共一百三十篇，也想以此探究天道与人事的关系，通达古今的变化，树立一家之言。刚刚列好计划尚未完成，就遭遇这场大祸，惋惜这部书没有完成，所以忍受极刑而面无愠色。我如果真的已经著成此书，将之藏于名山，传给志同道合的人使之在大都传布，那么我将偿还以前所受耻辱的罪责，即便我被杀死一万次，又有什么可后悔的呢！然而这话只可以向有见识的人诉说，难以向世俗之人讲明白啊。

况且犯过罪的人处世不易，品德低下的人多有诽谤毁议。我因为讲话而遭遇此祸，深为乡里之人和朋友羞辱耻笑，玷辱了祖先的名声，又有什么面目再去上父母的坟墓呢？即便经历百世，耻辱也只会更加深重！所以我每日愁肠九回，在家恍恍惚惚若有所失，出门则不知道要往哪里去。每每念到这种耻辱，总是冷汗自背上流出沾湿了衣服。我只是个宦官，又怎能自己引退，深深地隐居于岩穴之中呢！只有姑且随波逐流，与时势一起俯仰上下，来表现我的傲世狂放和妄惑。如今少卿却教导我要推举贤士，这不是与我私心中的意旨相违背吗。如今即便想要自我修饰，以美好的言辞来为自己开脱，也没有好处，不会为世俗之人相信，只是自取其辱罢了。总之要到死的那一天，然后才能论定是非。书信不能完全表达我的意思，只是约略地陈述我固执鄙陋的意见罢了。再次向您致意。

过 秦 论（上）

贾 谊

【题解】

贾谊（前200？—前168），洛阳（今河南洛阳市东）人，西汉初年著名的政治家、文学家。年青时由河南郡守吴公推荐，被文帝召为博士。不到一年被破格提为太中大夫。但在二十三岁时，因遭群臣忌恨，被贬为长沙王的太傅。后被召回长安，为梁怀王太傅。梁怀王坠马而死后，贾谊深自歉疚，直至忧伤而死。其著作主要有散文和辞赋两类。散文如《过秦论》、《论积贮疏》、《陈政事疏》（一称《治安策》）等都很有名；辞赋以《吊屈原赋》、《鹏鸟赋》最著。

《过秦论》原有上、中、下三篇，本文是第一篇。这一篇分析了秦日益强大，及至统一天下的形势，总结了其灭亡的原因，目的在于批评秦的过失，为汉朝的统治提供借鉴。过秦，即议论秦的过失。

【原文】

秦孝公据殽函之固[1]**，拥雍州之地**[2]**，君臣**

固守，以窥周室，有席卷天下、包举宇内、囊括四海之意，并吞八荒之心。当是时也，商君佐之，内立法度，务耕积，修守战之具，外连衡而斗诸侯。于是秦人拱手而取西河之外。

孝公既没，惠文、武、昭襄蒙故业，因遗策，南取汉中[3]，西举巴蜀[4]，东割膏腴之地，收要害之郡。诸侯恐惧，会盟而谋弱秦，不爱珍器重宝肥饶之地，以致天下之士，合从缔交，相与为一。当此之时，齐有孟尝，赵有平原，楚有春申，魏有信陵[5]。此四君者，皆明智而忠信，宽厚而爱人，尊贤而重士，约从离横，并韩、魏、燕、赵、宋、卫、中山之众[6]。于是六国之士，有宁越、徐尚、苏秦、杜赫之属为之谋[7]，齐明、周最、陈轸、召滑、楼缓、翟景、苏厉、乐毅之徒通其意[8]，吴起、孙膑、带佗、倪良、王廖、田忌、廉颇、赵奢之伦制其兵[9]。尝以十倍之地，百万之众，叩关而攻秦。秦人开关而延敌，九国之师，遁逃而不敢进。秦无亡矢遗镞之费，而天下诸侯已困矣。于是从散约解，争割地而赂秦。秦有余力而制其弊，追亡逐北，伏尸百万，流血漂橹。因利乘便，宰割天下，分裂河山。强国请服，弱国入朝。

施及孝文王、庄襄王[10]，享国之日浅，国家无事。及至始皇[11]，奋六世之余烈[12]，振长策而御宇内，吞二周而亡诸侯[13]，履至尊而制六合，执敲扑以鞭笞天下，威振四海。南取百越之地[14]，以为桂林、象郡[15]。百越之君，俯首系颈，委命下吏。乃使蒙恬北筑长城而守藩篱[16]，却匈奴七百余里，胡人不敢南下而牧马，士不敢弯弓而报怨。于是废先王之道，燔百家之言，以愚黔首[17]。隳名城，杀豪俊，收天下之兵，聚之咸阳，销锋镝，铸以为金人十二，以弱天下之民。然后践华为城，因河为池；据亿丈之城，临不测之渊以为固。良将劲弩，守要害之处，信臣精卒，陈利兵而谁何。天下已定，始皇之心，自以为关中之固，金城千里，子孙帝王万世之业也。始皇既没，余威震于殊俗。

然陈涉[18]，瓮牖绳枢之子，氓隶之人，而迁徙之徒也。材能不及中人，非有仲尼、墨翟之贤[19]，陶朱、猗顿之富[20]。蹑足行伍之间，倔起阡陌之中[21]，率罢弊之卒，将数百之众，转而攻秦。斩木为兵，揭竿为旗，天下云集而响应，赢粮而景从，山东豪俊，遂并起而亡秦族矣。

且夫天下非小弱也，雍州之地，殽函之固，自若也。陈涉之位，不尊于齐、楚、燕、赵、韩、魏、宋、卫、中山之君也；锄耰棘矜，不铦于钩戟长铩也；谪戍之众，非抗于九国之师也；深谋远虑，行军用兵之道，非及曩时之士也。然而成败异变，功业相反。试使山东之国，与陈涉度长絜大，比权量力，则不可同年而语矣。然秦以区区之地，致万乘之权，招八州而朝同列，百有余年矣。然后以六合为家，殽函为宫。一夫作难，而七庙隳，身死人手，为天下笑者，何也？仁义不施，而攻守之势异也。

【注释】

〔1〕秦孝公：秦献公之子。他任用商鞅，实行变法，使秦国富强起来。殽（xiáo）：殽山，在今河南洛宁县北。殽一作“崤”。函：函谷关。在今河南灵宝。

〔2〕雍州：《禹贡》九州之一。包括今陕西、甘肃和青海部分地区。雍州四面有河山之阻，形势险固。

〔3〕汉中：在今陕西省南部。

〔4〕巴蜀：分别在今四川东部和西部。

〔5〕孟尝：孟尝君田文。平原：平原君赵胜。春申：春申君黄歇。信陵：信

陵君魏无忌。上述四公子皆以招致宾客著称。

〔6〕宋、卫、中山：六国之外的三个诸侯小国，当时也参加了合纵盟约。

〔7〕宁越：赵国人。徐尚：宋国人。苏秦：洛阳人，是合纵抗秦的倡导者。杜赫：周人。

〔8〕齐明：东周的臣子。周最：东周君的儿子。陈轸：楚国人。召（shào）滑：楚臣。楼缓：魏相。翟（dí）景：魏国人。苏厉：苏秦之弟。乐毅：燕将。

〔9〕吴起：卫人，著名兵法家。孙膑：齐人，著名兵法家。带佗（tuó）：楚将。倪（nJ）良、王廖：兵法家。田忌：齐将。廉颇、赵奢：赵将。

〔10〕孝文王：秦昭王之子。庄襄王：秦孝文王之子。

〔11〕六世：指秦孝公、惠文王、武王、昭王、孝文王、庄襄王六代。

〔12〕始皇：庄襄王之子，名政。统一六国后称“始皇”。

〔13〕二周：东周最后王朝周赧王时，东西周分治，西周都旧东都王城洛阳，东周都巩（河南巩县），史称西周君、东周君。按二周灭亡均在始皇即位之前。

〔14〕百越：亦称百粤。古时我国东南地区各越族部落的总称。

〔15〕桂林：郡名。在今广西壮族自治区北部及东部地区。象郡：在今广西壮族自治区南部及其以南以西地区。

〔16〕蒙恬：秦国大将，奉命统兵三十万修筑长城，防御匈奴。

〔17〕黔首：秦始皇称帝后称百姓为黔首。黔：黑色。

〔18〕陈涉：名胜，阳城（河南登封）人。在秦二世元年（前209），他与吴广在大泽乡（安徽宿州市东南刘村集）率领九百名戍卒起义，反抗秦王朝的暴政，四方响应，声势浩大。

〔19〕仲尼：孔子名丘字仲尼，春秋时鲁国人，我国古代杰出的思想家、教育家，儒家学派创始人。墨翟（dí）：墨子的名字，战国初期的思想家，墨家学派创始人。

〔20〕陶朱：即范蠡，春秋越国大夫。他佐越王勾践灭吴后，功成身退，到陶（山东曹县）经商，成为巨富，号陶朱公。猗顿：春秋鲁人，以经营盐业致富。

〔21〕倔：原选本作“俛”。此据贾谊《新书》改。

【译文】

秦孝公占有殽山和函谷关的险固地势，拥有雍州（今陕西一带）的土地，国君大臣们牢牢地守卫，伺机攻取周王室，有席卷天下，包揽寰宇、总括四海的壮志，并吞八方的雄心。正当这时，商鞅辅佐他，对内建立法律制度，作务耕织之业，整修防守和战斗的武器及用具，对外采用连横之策而使各诸侯国相互争斗，因此秦国不费举手之力取得西河以外的大片土地。

孝公死了以后，相继由惠文王、武王、昭襄王继承遗业。他们遵循遗策，向南攻取了汉中，向西占领巴蜀，向东割取了大片的肥沃土地，收取了险要的郡县。因而各国诸侯十分惊恐，集合结盟，图谋削弱秦国。他们不惜珍贵的器物和贵重的宝物及肥沃富饶的土地，用来罗致天下贤能的士人，用合纵之策缔盟结交，相互团结为一体。正当此时，齐国有孟尝君、赵国有平原君、楚国有春申君、魏国有信陵君，这四个君子都明智而且忠诚讲信用，宽厚而仁爱，尊重贤人并重视士人，约定用合纵之策而破坏连横之计，占有韩、魏、燕、赵、宋、卫、中山等国民众。因此，六国的士人，有宁越、徐尚、苏秦、杜赫等一类人给他们出谋划策；齐明、周最、陈轸、召滑、楼缓、翟景、苏厉、乐毅等一些人为他们贯通意见；吴起、孙膑、带佗、倪良、王廖、田忌、廉颇、赵奢等军事家统率他们的部队。曾经以比秦国大十倍的土地、百万军队，攻击函谷关，打击秦国。秦国人开关迎敌，九国军队逃跑而不敢进攻。秦国没有一支箭甚至一只箭头的破费，然而天下诸侯却已处于困境。因而合纵离散、盟约解除，争着割地向秦国贿赂。秦国有余力并抓住六国的弊端，追杀逃兵，驱逐败军，陈尸百万，血流成河，凭借有利形势趁机宰割天下，分裂江山。强国请求臣服，弱国朝拜进贡。

贾 谊

延至孝文王、庄襄王时，他们统治的时间短，天下太平无事。等到了秦始皇登上君位，发扬六世的功业，像举长鞭驾驭车马那样统治天下，并吞二周（东、西周）而灭诸侯，登上至高至尊的帝位，控制天地四面八方，举杖棍鞭打天下人民，威震四海。往南夺取百越之地，设立桂林郡和象郡，百越君主低着头，脖颈上系着绳子表示投降，委性命于秦国的下等官吏。于是派蒙恬在北疆修筑长城，守卫屏障，击退匈奴七百余里，胡人（北方少数民族）不敢南下牧马，六国遗士不敢弯弓报仇。因此废弃先王的治国之道，焚诸子百家之书，来愚弄百姓；毁名城，杀英豪，收缴天下的兵器，集中到秦都咸阳，熔销兵刃，用其铸为十二个铜人；用这些措施来削弱天下人民的抵抗力。然后，足踩华山作为城墙，依托黄河作为护城河，上凭亿丈高的城墙，下临深不可测的河水，用它们作为牢固的屏障。优秀的将领持强劲的弩箭，守卫要害之处。有忠信的大臣精悍的士兵，陈列着锐利的武器，谁敢责问！天下已经平定，按秦始皇心思，自以为关中固若金汤，好似坚不可摧的千里城防，子子孙孙世代做帝王，

吴起　战国初期著名政治家、军事家。后世把他和孙子连称“孙吴”。

真是千秋万世的基业。秦始皇死后，他的余威还能震慑到边远的地方。

但是陈涉（即陈胜）这个十分困穷的贫家子弟、低贱之人，被征发迁徙边疆的戍守渔阳的小人物，才能赶不上中等的平常之人，没有孔子、墨子的贤能，也没有范蠡、猗顿那样的财富。他行动于兵卒之中，起义于田野之上，率领着疲惫的兵卒，带领着不过几百人的队伍，转身进攻秦国。他们砍树木作为武器，举竹竿作为旗帜，天下人像云一样积聚在一起纷纷响应，担着粮食像影子一样跟随他。殽山以东的英雄豪杰，就一同起来消灭了秦国。

天下并没有变小变弱，雍州的肥沃土地，殽山、函谷关的险固，依然如故。陈涉的地位，并不比齐、楚、燕、赵、韩、魏、宋、卫、中山的国君尊贵，农具木棍不比钩戟长矛锐利，被谪戍边的人们不敌九国军队，深谋远虑、行军用兵的术略赶不上过去的六国士人，但是成功和失败却变颠倒了，功业的大小却恰恰相反。试让大国与陈涉比长短、较大小，较量势力，那是不可相提并论的。但秦国用它一点儿小地方，达到了掌握万乘兵车的权力，招揽八州而使与他同列的诸侯国来朝拜他，达一百多年。然后以天下为自己家，以殽山函谷关为宫门。但是，一个人发难，秦王朝的宗庙全部被毁，秦王死在别人手里，被天下人所耻笑，原因在哪里呢？由于不实施仁义，而进攻和防守的形势已经大不相同了。

论贵粟疏

晁　错

【题解】

晁错（前200？—前154），颍川（今河南禹县）人。年青时学法家学说，汉文帝时为太子家令，有辩才，号称“智囊”。景帝时为内史，后升迁御史大夫。曾多次上书主张加强中央集权、削减诸侯封地、重农贵粟。吴、楚等七国叛乱时，他被景帝错杀。

本文是晁错给汉文帝的奏疏，选自《汉书·食货志》，大约写于文帝十一年（169）。文帝时，汉朝的粮食问题已很突出。晁错从维护统治者长治久安出发，提出了重农抑商、奖励粮食生产的主张和入粟受爵的办法。文帝采纳了他的建议。

经过文景两朝的推行，农业生产有了很大的发展，边防也得到了加强。后来到武帝时，粮食已非常富足了。粟，古代是粮食的通称。

【原文】

圣王在上而民不冻饥者，非能耕而食之，织而衣之也，为开其资财之道也。故尧、禹有九年之水，汤有七年之旱，而国无捐瘠者，以畜积多而备先具也。今海内为一，土地人民之众不避禹汤，加以亡天灾数年之水旱，而畜积未及者，何也？地有余利，民有余力，生谷之土未尽垦，山泽之利未尽出也，游食之民未尽归农也。

民贫则奸邪生。贫生于不足，不足生于不农，不农则不地著[1]，不地著则离乡轻家。民如鸟兽，虽有高城深池，严法重刑，犹不能禁也。夫寒之于衣，不待轻暖；饥之于食，不待甘旨；饥寒至身，不顾廉耻。人情一日不再食则饥，终岁不制衣则寒。夫腹饥不得食，肤寒不得衣，虽慈母不能保其子，君安能以有其民哉？明主知其然也，故务民于农桑，薄赋敛，广畜积，以实仓廪，备水旱，故民可得而有也。

民者，在上所以牧之，趋利如水走下，四方无择也。夫珠玉金银，饥不可食，寒不可衣，然而众贵之者，以上用之故也。其为物轻微易藏，在于把握，可以周海内而亡饥寒之患。此令臣轻背其主，而民易去其乡，盗贼有所劝，亡逃者得轻资也。粟米布帛，生于地，长于时，聚于力，非可一日成也。数石之重，中人弗胜，不为奸邪所利，一日弗得，而饥寒至。是故明君贵五谷而贱金玉。

今农夫五口之家，其服役者不下二人，其能耕者不过百亩，百亩之收不过百石。春耕，夏耘，秋获，冬藏，伐薪樵，治官府，给徭役。春不得避风尘，夏不得避暑热，秋不得避阴雨，冬不得避寒冻，四时之间，无日休息。又私自送往迎来，吊死问疾，养孤长幼在其中。勤苦如此，尚复被水旱之灾，急政暴虐，赋敛不时，朝令而暮改。当其有者[2]，半贾而卖[3]，亡者取倍称之息。于是有卖田宅、鬻子孙以偿债者矣[4]。而商贾大者积贮倍息[5]，小者坐列贩卖，操其奇赢，日游都市，乘上之急，所卖必倍。故其男不耕耘，女不蚕织，衣必文采，食必粱肉，亡农夫之苦，有阡陌之得。因其富厚，交通王侯，力过吏势，以利相倾，千里游敖，冠盖相望，乘坚策肥，履丝曳缟。此商人所以兼并农人，农人所以流亡者也。今法律贱商人，商人已富贵矣；尊农夫，农夫已贫贱矣。故俗之所贵，主之所贱也；吏之所卑，法之所尊也。上下相反，好恶乖迕，而欲国富法立，不可得也。

方今之务，莫若使民务农而已矣。欲民务农，在于贵粟，贵粟之道，在于使民以粟为赏罚。今募天下入粟县官，得以拜爵，得以除罪。如此，富人有爵，农民有钱，粟有所渫[6]。夫能入粟以受爵，皆有余者也。取于有余以供上用，则贫民之赋可损，所谓损有余，补不足，令出而民利者也。顺于民心，所补者三：一曰主用足，二曰民赋少，三曰劝农功。今令民有车骑马一匹者[7]，复卒三人。车骑者，天下武备也，故为复卒。神农之教曰："有石城十仞[8]，汤池百步[9]，带甲百万，而亡粟，弗能守也。"以是观之，粟者，王者大用，政之本务。令民入粟受爵，至五大夫以上[10]，乃复一人耳，此其与骑马之功相去远矣。爵者，上之所擅，出于口而无穷；粟者，民之所种，生于地而不乏。

夫得高爵与免罪，人之所甚欲也。使天下人入粟于边，以受爵免罪，不过三岁，塞下之粟必多矣。

【注释】

〔1〕地著：指长期定居在原生长处，有固定户籍和土地。

〔2〕其：《汉书·食货志》作“具”。

〔3〕贾：同“价”。

〔4〕鬻（yù）：卖。

〔5〕商贾（gǔ）：商人。古代行卖叫“商”，坐贩叫“贾”。

〔6〕渫（xiè）：散出。

〔7〕车骑（jì）马：装备齐全有战车和鞍辔的马。

〔8〕仞：八尺为一仞。

〔9〕汤：开水、热水。步：六尺为一步。

〔10〕五大夫：汉承秦制，设爵位二十等封赏有功的人。五大夫是第九等爵位。

【译文】

圣明的皇帝在位，而人民不受饥寒的原因，并不是他们能种地织布而有吃有穿，而是因皇帝能够给他们开辟物资财富的途径。所以尧、禹遭到九年的水灾，汤遭受七年的旱灾，但国家却没有被遗弃和饿得瘦弱的人，这是因为平时积蓄多而准备工作先做好了。现在全国统一，土地和人民的数量，不少于禹、汤时，加上没有数年水旱天灾，却积蓄不如那时的原因是什么呢？因为地有剩余潜力没有被挖掘；人民有剩余的力量没有充分发挥；生长五谷的土壤没有充分开垦；山泽的资源没有全部开发；不劳而食的人，还没有全部回归农业生产。

人民贫穷了，就产生奸邪。贫穷产生于生活资料不足，生活资料不足产生于不发展农业，不发展农业就不能定居，不定居就离乡而轻视家庭。人民像鸟兽一样离家离乡谋生，即使有高高的城墙、深深的护城河、严厉的法令、沉重的刑法，还是禁止不了的。人在寒冷时对于衣服的要求，是不等待又轻又暖的；饥饿时对于食物的要求，是不等待又甜又香的；饥寒一起加到身上，就不顾及廉耻。人的常情是一日不吃两餐就受饿；终年不做衣服就受冻。如果肚子饥了不能得到食物，皮肤受冷了得不到衣服，即使是慈母也保全不了儿子，国君怎么能保有他的人民呢？圣明的皇帝知道其中的道理，所以使人民从事农业和养蚕事业，少收赋税，扩大积蓄，用来充实仓库，以防水旱灾害，因而可以保有人民并得到他们的拥护。

人民的好坏在于皇帝的统治，追求利益就像水向下流一样，四面八方是从不选择的。宝珠、美玉、黄金、白银，肚子饥了不能吃，身上冷了不能穿，但是大家把它们看得很贵重的原因，是因为皇上使用它们的缘故。金银珠宝这些东西又轻又小，容易收藏在手掌之中，就可以周游全国，而没有饥寒的愁患。这就教臣轻视和背叛他的皇上，而人民轻易离开他的家乡，盗贼得到鼓励，逃亡的人得到轻便易带的资财。粟米布帛，生在地里，长在一定时令里，由人力聚合起来，不是一日可以搞成的。几石重的粟米，中等力气的人都力不胜拿，所以奸邪盗贼不易得手获利。但一日无粮布，饥饿寒冷便接踵而来。所以，圣明的君主把五谷看得贵重而把金玉看得轻贱。

现在五口之家的农夫，其中服劳役的人不下二人。可耕种的土地不过一百亩，百亩地的收成不过一百石。他们春天耕地，夏天除草，秋天收获，冬天收藏，砍薪柴，修官府、服徭役；春季不能避风尘，夏季不能避暑热，秋季不能避阴雨，冬季不能避寒冷，四季农闲，也无一日休息；又有私交要送往迎来，丧葬死者，慰问病人，养育孤儿幼儿也在这里面。如此勤苦，倘若又遭水旱灾害，紧急横征暴敛，赋敛又不按时收，早晨发布命令，晚上就改变，有粮食的人按倍价出卖，无粮食的人只好向别人借贷，要付加倍利息。因此，有人卖田地住宅、卖子孙，用来偿还债务。而商人，大一点的囤积货物，加倍取利；小一点的坐地贩卖，牟取暴利，整日在都市游转，趁官府急需，卖价必然加倍。所以他们家里男不耕种，女不养蚕纺织，穿一定要穿华丽的，吃一定要吃精美的肉食，没有农夫所受的苦，却获得田地的出产。他们凭自己富裕，交结王侯，力量超过官吏的势力，因利润而互相倾轧。千里遨游，头上戴高冠，车上有大盖伞，互相观望，乘坚固的好车，鞭策肥大的良马，穿丝鞋，披绸衣。这就是商人所以并吞农人，农人所以流亡失所的原因。现在法律轻视商人，但商人已经富贵了；尊重农夫，农夫却已经贫贱了。所以说世俗所重视的，正是皇帝所轻视的；官吏所鄙视的，正是法律所尊重的。上下相反，好恶相背，而想使国家富裕起来，法律树立起来，这是不能做到的。

当今的重要任务，没有比让人民务农还重要的了。要想让人民务农，关键在于重视粮食。重视粮食的途径，在于使人民把粮食作为奖赏和处罚条件。现在如果募集那些缴纳粮食给官府的人，使他们得到封爵，可以免罪。这样的话，富人有爵位，农民有钱，粮食就会分散到社会上来。能够交纳粮食因此而得到爵位，人民便都成为吃用有余的人。从有余粮的人那里取得粮食，用来供给朝廷，那么贫民的赋税就可以减免，这就是所谓减少多余的，补充不足的。这样的命令一出，人民就得利受益。顺从民心，所增补的好处有三：一叫君主的用度足；二叫人民的赋税少；三叫鼓励农业生产。现在法令规定，百姓有一匹车骑马(可驾兵车的马)的，可以免除三个人的兵役。车骑是国家的军备，所以可以减兵役。神农教诲说："有石头城七八丈高，护城河百步宽，百万军队，但是没有粮食，就不能守住。"由此看来，粮食是国王极有用的东西，也是国家政事的根本任务。让人民交纳粮食接受封爵，到五大夫(五等爵位)以上，才不过免兵役一人罢了。这大概与骑马一匹的功劳相比，距离差得太远了。爵位是皇帝所专有的，只出口封一下，没有穷尽。粮食是人民种的，生长在地里也不会缺乏。得到高的爵位与免除罪刑，是人们极大的欲望。使天下人民交纳粮食运入边疆，因而受到封爵免除罪刑，这样不过三年，边塞的粮食就必然多了。

前出师表

诸葛亮

【题解】

诸葛亮（181—234），字孔明，琅琊阳都（今山东沂南县）人。三国时的政治家、军事家。因战乱避居荆州，后隐居隆中。27岁时出而辅佐刘备。221年刘备称帝，国号汉，诸葛亮任丞相。两年之后，刘备病死，刘禅继位，封诸葛亮为武乡侯。诸葛亮执掌军政大权，先后六次进军伐曹魏，终因各种原因未能成功。蜀汉建兴十二年（234）八月死于军中，谥号忠武。后人辑有《诸葛亮集》。

本篇是227年诸葛亮出师北伐前写给刘禅的奏表，是他对朝廷内政的建议和对出师所作的保证。表中先陈述蜀汉当前正处于形势危急之际；再反复劝勉刘禅继承先主遗志，"亲贤臣，远小人"，特别强调顾全大局，不偏私左右亲信；末尾陈述自己对蜀汉的忠诚和北取中原的决心。选自《三国志·蜀志·诸葛亮传》。

【原文】

臣亮言：先帝创业未半，而中道崩殂[1]。今天下三分，益州疲敝，此诚危急存亡之秋也。然侍卫之臣，不懈于内，忠志之士，忘身于外者，盖追先帝之殊遇，欲报之于陛下也[2]。诚宜开张圣听，以光先帝遗德，恢宏志士之气。不宜妄自菲薄，引喻失义，以塞忠谏之路也。宫中府中，俱为一体，陟罚臧否，不宜异同。若有作奸犯科，及为忠善者，宜付有司，论其刑赏，以昭陛下平明之治，不宜偏私，使内外异法也。

侍中侍郎郭攸之、费祎、董允等[3]，此皆良实，志虑忠纯，是以先帝简拔以遗陛下[4]。愚以为宫中之事，事无大小，悉以咨之，然后施行，必能裨补阙漏，有所广益。将军向宠，性行淑均，晓畅军事，试用于昔日，先帝称之曰能，是以众议举宠以为督。愚以为营中之事，事无大小，悉以咨之，必能使行阵和睦，优劣得所也。亲贤臣，远小人，此先汉所以兴隆也；亲小人，远贤臣，此后汉所以倾颓也。先帝在时，每与臣论此事，未尝不叹息痛恨于桓、灵也[5]。侍中、尚书、长史、参军[6]，此悉贞亮死节之臣也，愿陛下亲之信之，则汉室之隆，可计日而待也。

臣本布衣[7]，躬耕于南阳，苟全性命于乱世，不求闻达于诸侯。先帝不以臣卑鄙，猥自枉屈，三顾臣于草庐之中，咨臣以当世之事。由是感激，遂许先帝以驱驰。后值倾覆，受任于败军之际[8]，奉命于危难之间，尔来二十有一年矣。先帝知臣谨慎，故临崩寄臣以大事也[9]。受命以来，夙夜忧叹，恐托付不效，以伤先帝之明，故五月渡泸，深入不毛[10]。今南方已定，兵甲已足，当奖帅三军，北定中原，庶竭驽钝，攘除奸凶，兴复汉室，还于旧都[11]。此臣所以报先帝而忠陛下之职分也。至于斟酌损益，进尽忠言，则攸之、祎、允之任也。愿陛下托臣以讨贼兴复之效，不效，则治臣之罪，以告先帝之灵。若无兴德之言，则责攸之、祎、允之慢，以彰其咎。陛下亦宜自谋， 以咨诹善道， 察纳雅言，深追先帝遗诏。臣不胜受恩感激。今当远离，临表涕零，不知所云。

【注释】

〔1〕先帝：指刘备。蜀汉章武二年（222年），刘备伐吴大败，回师途中卒于永安。

〔2〕陛下：古代对皇帝的尊称。

〔3〕侍中：官名，侍从皇帝左右。三国时期，是一种要职，实际上类于丞相。侍郎：汉代郎官，本为宫廷的近侍，东汉以后，为尚书的属官。

〔4〕简拔：简，同柬，选择。简拔即选拔。

〔5〕桓、灵：东汉的桓帝刘志、灵帝刘宏。二人在位时宠信宦官、外戚，朝政腐败。

〔6〕尚书：官名，协助皇帝处理政务。这里指尚书陈震。长（zhǎng）史：辅助丞相及三公（太尉、司徒、司空）处理政务的官员。这里指长史张裔。参军：丞相、诸王及将军开府者均置参军，即幕僚。这里指参军蒋琬。

〔7〕布衣：古代没有官职的平民除年老者外，都只准穿麻织品衣服，即布衣，后因以布衣指没有官职的人。

〔8〕受任于败军之际：东汉建安十三年，刘备在荆州依附刘表。曹操南征，恰逢刘表死，其子刘琮投降。刘备在当阳的长坂被曹操击败。诸葛亮受刘备之托，到东吴联结孙权，共同抗曹，在赤壁大破曹军。刘备趁机据有荆州。

〔9〕临崩寄臣以大事：蜀汉章武二年（222年）刘备伐吴失败，退兵途中因病驻在白帝城（四川奉节东），病危时召见诸葛亮，托付大事，说："君才十倍曹丕"，"若嗣子可辅，辅之；如其不才，君可自取。"诸葛亮流泪回答："臣敢竭股肱之力，效忠贞之节，继之以死。"

〔10〕五月渡泸，深入不毛：泸，泸水，即今之金沙江。泸水湿热，多瘴气。建兴元年（223年），云南境内少数民族变乱，诸葛亮领兵南征，恩威并施，平定动乱。蜀汉南部得以巩固。

〔11〕旧都：指东汉京城洛阳。

【译文】

臣诸葛亮说：先帝开创基业还不到一半，却中途去世。现在天下分为三国，我们蜀国弱小，这确实是生死存亡的危急时刻。然而侍卫臣子从不懈怠地在内供职；忠贞的将士在外舍生入死的原因，这都是追思先帝对自己的大恩大德，想在您身上报答。您的确应当广开言路，扩大听闻的范围，用来光大先帝遗留下来的美德，发扬志士的气节，不应该过分地轻视自己，以至于引例、比喻失去大义，堵塞忠臣谏劝的途径。宫廷和臣府，都是一个整体，升降赏罚、赞美和批评，不应该有差异。如果有为非作歹干犯法纪和尽忠为善的人，应该交给有关部门官吏评定赏罚，来显示您公平明察的治理，不应该偏袒私爱，使内外法制不同。

侍中侍郎郭攸之、费祎、董允等，这些都是善良诚实、志向心思忠诚纯真的人，所以先帝选拔他们，并把他们留给您。我认为宫中的事，不论大小，都就应该询问他们，然后再施行，这样必能弥补缺漏，收到较好的效果。将军向宠，品行美善而办事公允，通晓军事，以事试用过，先帝称赞他能干，所以大家推举他做中部督。我认为军中的事，不论大小，都应询问他，必能使军队和睦，使优劣各得其所。亲近贤臣，疏远小人，这是先汉其所以兴旺的原因；亲近小人，疏远贤人，这是后汉其所以衰亡的原因。先帝在世的时候，每与我谈论起这事，没有一次不叹息而痛恨桓、灵二帝的。侍中尚书陈震、长史张裔、参军蒋琬等，这些都是坚贞耿直能为节操而死的人，希望您亲近他们，信任他们。这样，汉室的兴旺就可以数着日子等待来了。

诸葛亮　三国蜀汉政治家、军事家。字孔明。琅玡阳都（今山东沂南南）人。建安十二年（207年），刘备屯兵新野，经刘庶介绍，三顾茅庐。他向刘备建议占据荆（今湖南、湖北），益（今四川）二州，建立了蜀汉政权，形成三国鼎立的局面。刘备死后，刘禅继位，被封为武乡侯，领益州牧，主持军国大事。建兴十二年（234年）病逝于五丈原军中。

我本是个平民百姓，在南阳亲身耕种，在这个乱世上只想保全性命就行了，不想显达于诸侯。先帝不因我出身低下，猥贱自己，三次屈尊到我的茅庐中看我，以当世的事询问我。因此我十分感激，就应许先帝要奔走尽力。后来失败，我受命于军败之时，奉命于危难之际，到现在已经二十一年了。先帝知道我谨慎小心，所以临死时把大事托付给我。我自受命以来，早晚忧虑叹息，恐怕托付给我的大事没有成效，因而损伤了先帝的英明。所以五月渡过泸河水，深入到不毛之地。现在南边已经平定，兵器装备已经充足，应当奖励并率领三军将士，往北平定中原，希望竭尽我这低下的才能，扫除奸邪顽凶，复兴汉室，回到旧都。这就是我所要报效先帝而忠于您的职分。至于斟酌利害，进献完忠言，那是攸之、祎、允的责任。希望您把讨贼复汉的责任授与我，没有成效就请定我的罪，以告先帝的英灵。如果没有发扬美德的意见，就责备攸之、祎、允的过错，并公布它，使人们都明白他们的怠慢疏忽。您也应该自己咨谋，询问治理国家的好办法，明察并采纳人们的言论，深切地追忆并实施先帝的遗诏。那我就受到您的恩泽，不胜感激了。现在我正要远离，面对表章流泪，不知道说了些什么。

后出师表

诸葛亮

【题解】

本篇选自《三国志·蜀志·诸葛亮传》裴松之注。文中的史实多有矛盾，至少不全是出于诸葛亮之手，但也一向受到传诵。当时，魏将曹休被东吴打败，魏国主力东进，诸葛亮想趁魏国内虚弱出兵攻魏。但是，许多大臣对诸葛亮这种想法表示疑虑，后主刘禅也犹豫不决。在这一篇表文中，诸葛亮主要是分析当时的形势，表示“鞠躬尽瘁，死而后已”。

【原文】

先帝虑汉、贼不两立[1]，王业不偏安，故托臣以讨贼也。以先帝之明，量臣之才，固知臣伐贼，才弱敌强也。然不伐贼，王业亦亡，惟坐而待亡，孰与伐之？是故托臣而弗疑也。臣受命之日，寝不安席，食不甘味，思惟北征，宜先入南。故五月渡泸，深入不毛[2]，并日而食。臣非不自惜也，顾王业不可偏安于蜀者，故冒危难以奉先帝之遗意。而议者谓为非计。今贼适疲于西，又务于东[3]，兵法乘劳，此进趋之时也。谨陈其事如左：

高帝明并日月[4]，谋臣渊深，然涉险被创[5]，危然后安。今陛下未及高帝，谋臣不如良、平[6]，而欲以长策取胜，坐安天下，此臣之未解一也。

刘繇、王朗，各据州郡[7]，论安言计，动引圣人，群疑满腹，众难塞胸，今岁不战，明年不征，使孙策坐大，遂并江东[8]，此臣之未解二也。

曹操智计，殊绝于人，其用兵也，仿佛孙、吴[9]。然困于南阳[10]，险于乌巢[11]，危于祁连[12]，逼于黎阳[13]，几败北山[14]，殆死潼关[15]，然后伪定一时尔[16]。况臣才弱，而欲以不危而定之，此臣之未解三也。

曹操五攻昌霸不下[17]，四越巢湖不成[18]，任用李服而李服图之[19]，委任夏侯而夏侯败亡[20]。先帝每称操为能，犹有此失，况臣驽下，何能必胜？此臣之未解四也。

自臣到汉中，中间期年耳，然丧赵云、阳群、马玉、阎芝、丁立、白寿、刘郃、邓铜等，及曲长、屯将七十余人，突将无前；賨、叟、青羌[21]，散骑武骑，一千余人。此皆数十年之内，所纠合四方之精锐，非一州之所有。若复数年，则损三分之二也，当何以图敌？此臣之未解五也。

今民穷兵疲，而事不可息。事不可息，则住与行，劳费正等。而不及早图之，欲以一州之地，与贼持久，此臣之未解六也。

夫难平者事也。昔先帝败军于楚[22]，当此时，曹操拊手，谓天下已定。然后先帝东连吴、越[23]，西取巴、蜀[24]，举兵北征，夏侯授首[25]。此操之失计，而汉事将成也。然后吴更违盟，关羽毁败[26]，秭归蹉跌[27]，曹丕称帝[28]。凡事如是，难可逆

料。臣鞠躬尽瘁[29]，死而后已。至于成败利钝，非臣之明所能逆睹也。

【注释】

刘备　字玄德。涿郡涿县（今河北涿州）人，221年在成都称帝，国号汉，史称蜀汉，年号章武。223年病卒，葬惠陵。谥昭烈皇帝。

〔1〕先帝：去世的皇帝，这里指刘备。汉：汉朝，包括蜀汉。蜀汉自认为是西汉、东汉一脉相传的继承者。贼：这里指曹魏。

〔2〕五月渡泸：参见《前出师表》注〔10〕。

〔3〕疲于西，务于东：疲于西，指建兴六年春，诸葛亮率兵攻祁山（甘肃西和县西北），南安等三郡叛魏响应诸葛亮，关中震动。务于东，指同年秋天魏将曹休伐吴，兵败于石亭（安徽潜山东北）。

〔4〕高帝：指汉高祖刘邦。

〔5〕涉险被创：刘邦曾在同项羽的一次交战中被流矢所中。

〔6〕良、平：刘邦的重要谋臣张良、陈平。

〔7〕刘繇（yáo）：东汉末扬州刺史；治所先在寿春（今安徽寿县），后徙曲阿（今江苏丹阳）。王朗：东汉末会稽太守（治所在今浙江绍兴）。二人都被孙策击败。

〔8〕孙策：字伯符，孙权之兄。东汉兴平二年，孙策率兵击破刘繇，据有江东。后又入据会稽，孙策的征战为吴国打下了根基。江东：长江在芜湖、南京间作西南南、东北北流向，习惯上称自此以下的长江南岸为江东地区。

〔9〕孙、吴：指战国时著名的军事家孙膑、吴起。

〔10〕困于南阳：东汉献帝建安二年，曹操率兵在南阳郡宛城与张绣交战，军败，自己被流矢射中，长子曹昂遇害。

〔11〕险于乌巢：建安五年，曹操与袁绍在官渡（河南中牟东北）相持，当时操军势力弱，且一度绝粮。后来曹操出奇兵夜袭袁绍屯粮之处乌巢（河南延津东南），扭转战局，取得胜利。

〔12〕危于祁连：所指史实不详。

〔13〕逼于黎阳：袁绍败死后，其子袁尚、袁谭退据黎阳（河南浚县东）。建安七年秋起，曹操屡次攻伐黎阳，到八年春才攻破。

〔14〕几败北山：建安二十四年，留守汉中的曹操大将夏侯渊为刘备所斩。曹操为了争夺汉中，运送军粮经过北山。曹操兵与赵云遭遇，军败，死伤甚众。北山，在汉中地区。

〔15〕殆死潼关：建安十六年，曹操西征马超、韩遂，在潼关之战中，马超兵箭如雨发，曹操几乎被射死。

〔16〕伪：指曹魏政权，蜀汉自认是正统，所以称曹魏为“伪”。

〔17〕五攻昌霸：昌霸，东汉末东海郡太守。他背叛曹操，归顺刘备。曹操出兵征伐，多次受挫。

〔18〕四越巢湖：东吴在巢湖的南边，曹操军屡次从巢湖进攻东吴，均不顺利。

〔19〕李服图之：李服，应是王服之误。建安四年，汉献帝的舅父车骑将军董承奉密诏，与王服、刘备等谋杀曹操。五年正月，计谋泄露，董承、王服等被杀。

〔20〕夏侯败亡：见本篇注〔15〕。

〔21〕賨（cóng）、叟（sōu）、青羌（qiāng）：均为西南地区少数民族的名称，这里指蜀汉军中的少数民族的将士。

〔22〕败军于楚：指建安十三年刘备当阳长坂之败。

〔23〕东连吴、越：指连结东吴。东吴境域包括古吴、越两国之地。

〔24〕西取巴、蜀：巴，古巴国，在今四川东部。蜀，古蜀国，在今四川西部。

〔25〕夏侯授首：见本篇注〔15〕。

〔26〕关羽毁败：关羽，蜀汉名将。守荆州，忽视联结孙权的战略意义，致使孙刘联盟破裂。建安二十四年，吴将吕蒙袭取荆州，杀关羽。

〔27〕秭归蹉跌：蜀汉章武元年，刘备为了替关羽复仇，兴兵伐吴，次年大败。逃到秭归，收集残兵回蜀。

〔28〕曹丕称帝：曹丕，字子桓，曹操的儿子。诗人，文学理论家。汉献帝延康元年（220），曹丕废献帝，自立为皇帝，改年号为黄初。

〔29〕尽瘁：一本作“尽力”。

【译文】

先帝忧虑汉朝与曹贼誓不两立，帝王的基业不能不管统一而偏居于一方，以求自安，所以托付我讨伐汉贼。用先帝的英明，衡量我的才能，本来就知道我讨伐逆贼，才能低弱而逆贼强大。但是不去讨伐逆贼，王业也要灭亡，与其坐着等待灭亡，还不如去讨伐，因而托我伐贼而毫不迟疑。我从受命之时起，就没睡过安稳觉，没吃过好饭，考虑北征，应该先平定南方。所以五月渡过泸水，深入不毛之地，两天才吃上一顿饭。我并不是不爱惜自己，只因王业不能偏居于蜀都，所以冒着危险来实现先帝的遗愿。可是议论的人却说这不是好计策。现在逆贼在西方疲于奔命，在东方又忙于作战。按照兵法应当趁敌疲劳之时出击，这正是进攻的好时机啊。我恭敬郑重地把对这事的看法陈述在左(下)边：

高帝英明得就像太阳，他的谋臣具有深谋远见，但是他也是历艰险受创伤，先危险然后才转而为安。现在您赶不上高帝，谋臣都不如张良、陈平，却想以一种长久的策略取胜，要坐着平定天下，这是我不能理解的第一点。

关羽　字云长，河东解良（今山西运城）人。三国时期蜀汉著名将领。死后被民间尊称为“关公”、“武圣”。

刘繇、王朗各自占据州郡，论安危，言计谋，动辄引用古代圣人的话，疑虑满腹，难事满胸。今年不出战，明年不出征，让孙策坐着发展强大，江东地区就被他吞并。这是我不能理解的第二点。

曹操的智慧计谋，远远超过他人，他的用兵，如同孙膑吴起一般，然而被困在南阳，遇险于乌巢，受危于祁连，被逼于黎阳，几乎败于北山，险些死于潼关，然后才求得表面上的一时平静。况且我才能低下，而想用不经过危险的办法来平定天下，这是我不能理解的第三点。

曹操五次攻打昌霸而不下，四次越渡巢湖都未成功，任用李服而李服反而图谋他，委任夏侯渊守北边而夏侯渊失败而亡。先帝经常称赞曹操是能人，而他还有这些失误，况且我才能低下，怎能必定取胜呢？这是我不能理解的第四点。

自从我到汉中来，其中不过间隔一年罢了，但却牺牲了赵云、阳群、马玉、阎芝、丁立、白寿、刘郃、邓铜等，以及曲长、屯将七十余人，他们都是冲锋在前的无敌将士；还牺牲了賨、叟、青、羌等散骑、武骑一千多人。这都是几十年之内所纠集的四面八方的精锐部队，不是一州所有的。如果再过几年，就要损失三分之二，应该用谁去谋取敌人呢？这是我不能理解的第五点。

现在人民贫穷、军队疲惫，但战事却不能停息。战事不能停息，那么防守和进攻所消耗的劳力和费用正好相等。但却不趁早谋攻，想用一个州的地方与敌人长久相持，这是我不能理解的第六点。

难以平息的是战事。从前先帝兵败于楚地当阳，在这时候，曹操高兴地拍手，断言天下已经平定了。后来先帝在东面联合吴、越，在西面攻取了巴、蜀，兴兵征讨北面，夏侯渊献头，这是曹操的失策，而汉室复兴的事业将要成功。然而后来东吴违背盟约，关羽失败而亡，我军在秭归又栽了一跤，曹丕称帝。凡事都是这样，难以预料。我恭敬谨慎，尽力劳苦，贡献一切，到死为止。至于事情的成功与失败，顺利与困难，那不是我的聪明才智所能够预见到的。

陈　情　表

李　密

【题解】

李密（224—287），密，又写作“宓”，字令伯，晋朝武阳（今四川省彭山县东）人。早年丧父，母何氏改嫁，密自幼由祖母刘氏抚养。在蜀国曾任尚书郎，出使过吴国。晋武帝立太子，召聘他为太子洗马。他写《陈情表》，武帝看后，给他奴婢二人，并给他赡养祖母的费用。祖母死后，他出任为河内温县令，有政绩。他长于经学训诂，也曾授徒讲学。

《陈情表》是李密向晋武帝司马炎上的表文。文章叙述了自己幼年的不幸遭遇，家中的孤苦情况和祖母对自己的辛勤抚养，详尽而委婉地说明了自己屡次辞谢晋朝征召的原因，既表达了对晋朝皇帝的由衷感激之情，又申述了自己终养祖母以尽孝道的决心。

表：古代章奏的一种。是臣子上给皇帝的书信。《文心雕龙·章表》：“章以谢恩，奏以按劾，表以陈情，议以执异。”《文选》卷三十七题作《陈情事表》。

【原文】

臣密言：臣以险衅，夙遭闵凶。生孩六月，慈父见背。行年四岁，舅夺母志。祖母刘，愍臣孤弱，躬亲抚养。臣少多疾病，九岁不行，零丁孤苦，至于成立。既无叔伯，终鲜兄弟。门衰祚薄，晚有儿息。外无期功强近之亲[1]，内无应门五尺之童，茕茕孑立，形影相吊。而刘夙婴疾病，常在床蓐。臣侍汤药，未尝废离。

逮奉圣朝，沐浴清化。前太守臣逵，察臣孝廉[2]；后刺史臣荣，举臣秀才[3]。臣以供养无主，辞不赴命。诏书特下，拜臣郎中[4]；寻蒙国恩，除臣洗马[5]。猥以微贱，当侍东宫[6]，非臣陨首所能上报。臣具以表闻，辞不就职。诏书切峻，责臣逋慢；郡县逼迫，催臣上道；州司临门，急于星火。臣欲奉诏奔驰，则以刘病日笃；欲苟顺私情，则告诉不许。臣之进退，实为狼狈。

伏惟圣朝以孝治天下，凡在故老，犹蒙矜育，况臣孤苦，特为尤甚。且臣少事伪朝，历职郎署，本图宦达，不矜名节。今臣亡国贱俘，至微至陋，过蒙拔擢，宠命优渥，岂敢盘桓，有所希冀？但以刘日薄西山，气息奄奄，人命危浅，朝不虑夕。臣无祖母，无以至今日；祖母无臣，无以终余年。母孙二人，更相为命，是以区区〔7〕不能废远。臣密今年四十有四，祖母刘今年九十有六，是臣尽节于陛下之日长，报刘之日短也。乌鸟私情〔8〕，愿乞终养。

臣之辛苦，非独蜀之人士及二州牧伯所见明知，皇天后土，实所共鉴。愿陛下矜愍愚诚，听臣微志，庶刘侥幸，卒保余年。臣生当陨首，死当结草〔9〕。臣不胜犬马怖惧之情，谨拜表以闻。

【注释】

〔1〕期功：都是古代丧服名称。古代以亲属的远近定服丧时间的长短。期，服丧一年。功，指大功、小功，大功服丧九个月，小功服丧五个月。强（qiǎng）近：勉强接近。

〔2〕太守：指犍为郡太守。逵：太守名。孝廉：汉代荐举人才的一种科目，标准是孝于父母，品行清廉。魏晋沿袭未改；每年由郡国向中央推荐孝行特著、品行廉正的人。

〔3〕刺史：指益州刺史。荣：刺史名。秀才，原也是汉代荐举人才的一种科目，由州推荐优秀人才。魏晋沿袭未改。

〔4〕郎中：尚书省的属官。

〔5〕洗（xiǎn）马：太子的属官。晋以后的洗马为太子掌管图籍。

〔6〕东宫：太子所居之宫，这里作太子的代称。

〔7〕区区：个人的私愿。

〔8〕乌鸟私情：乌鸟，即乌鸦。据说有一种叫慈乌的乌鸦能反哺其母，古人因此用以比喻人子孝养父母。

〔9〕结草：春秋时，晋大夫魏颗没有按照父亲魏武子的临终遗嘱，把父妾殉葬，而是将她改嫁。后来，魏颗与秦将杜回作战，见一老人结草把杜回绊倒，因而活捉杜回。夜里魏颗梦见老人自称是父妾的父亲，特来报恩。后因用结草表示受恩深重，死后也不忘报答。

【译文】

臣李密报告：我因为命运坎坷，从小不幸，出生才六个月，父亲就去世了。长到四岁，舅舅逼着母亲放弃了守节的志向，再嫁了。祖母刘氏，怜惜我孤苦幼弱，亲自抚养我。我小时多病，九岁还不大会走路，孤苦零丁，直到长大自立。既无叔无伯，又无哥无弟。门户衰落，福分浅薄，很晚得子。外面缺少较近的亲属，家里没有照应门户的童仆。孤身一人，只有影子陪伴自身。而祖母刘氏多年来疾病缠身，卧床不起。我服侍她饮汤吃药，从未停止和离开过。

至尊奉圣朝之时，我才受到清明的政治教化。先是太守逵，考察选拔我为孝廉；后是刺史荣，推举我为秀才。我因为祖母无人供养，推辞而没有从命。诏书特地下达，授我郎中之职。不久又蒙受国家恩遇，授我太子洗马之职。凭我这微贱之人，充当太子的侍从，是我杀身也难以报答的。我把这些曾写成表章上奏，辞谢不去就职。现在诏书急切严厉，责备我故意回避和怠慢朝廷的使命；郡县官长又一再逼迫，催促我上路；州官登门敦促，急如星火。我想接受诏命，速去赴任，可是祖母刘氏的病又日重一日；想暂且迁就私情，则请求又不蒙允许。因此我的处境，实在狼狈。

我想，圣朝是用孝道治理天下的，所有老人，都受到怜悯和照顾，何况我的孤苦，特别严重。我年青时在伪朝做官，任职于郎中官署，本来就希望官阶显达，并不顾惜名声与节操。现在我是亡国的低贱俘虏，最卑微，最鄙陋，受到过分提拔，恩命又很优厚，怎敢迟疑徘徊，有更高的希求呢？只因刘氏犹如日坠西山，气息微弱，生命垂危，朝不保夕。我没有祖母，难以有今天；祖母没有我，无法度残年。祖孙二人，相依为命，因此，我不能离开祖母远行。我今年四十四岁，祖母刘氏今年九十六岁。这样，我效忠于陛下的日子还长，而报答刘氏的日子很短了。我以乌鸦反哺般的私情，请求允许我为她养老送终。

我的辛酸困苦，不只蜀地人士及二州长官看见和知道，而且天地神灵也确实都了解。恳请陛下怜恤我的一点诚心，允许我这微小的志愿，使祖母侥幸地享尽晚年。那么，我活着将以生命奉献陛下，死后也要结草报德。我怀着难以说尽的犬马般的惶恐心情，恭恭敬敬写此表章奏闻圣上。

兰亭集序

王羲之

【题解】

王羲之（321—379），东晋书法家。字逸少，琅玡临沂（今山东省临沂市）人。出身于世族，曾任右军将军、会稽内史，因此世称“王右军”。他从小爱好书法，为人坦率，不拘礼节，曾跟随不少著名书法家学写字，吸取了魏晋书法的长处，推陈出新，创造出独特的风格，楷书、行书、草书无一不精。人们形容他的字“飘若浮云，矫若惊龙”。梁武帝说他作书“如龙跳天门，虎卧风阁，故历代宝之，永以为训”，世人称之为“书圣”。他的文学成就也很高，能诗善赋，尤长散文，《兰亭集序》为其代表作。

王羲之

东晋穆帝永和九年（353）三月三日，王羲之和当时的名流孙统、孙绰、谢安、支遁等四十一人，宴集于会稽山阴的兰亭。与会的人作了一些诗，并聚诗成集。王羲之为诗集写了这篇序，记下了宴会盛况和观感。文章通篇着眼死生二字，在一定程度上对当时盛行的“一生死”、“齐彭殇”的老庄哲学观点进行了批判，在悲伤感慨中透露出对生活的热爱之情。

【原文】

永和九年，岁在癸丑[1]，暮春之初，会于会稽山阴之兰亭，修禊事也[2]。群贤毕至，少长咸集。此地有崇山峻岭，茂林修竹，又有清流激湍，映带左右，引以为流觞曲水[3]。列坐其次，虽无丝竹管弦之盛，一觞一咏，亦足以畅叙幽情。是日也，天朗气清，惠风和畅。仰观宇宙之大，俯察品类之

盛，所以游目骋怀，足以极视听之娱，信可乐也。

夫人之相与，俯仰一世，或取诸怀抱，晤言一室之内；或因寄所托，放浪形骸之外。虽取舍万殊，静躁不同，当其欣于所遇，暂得于己，快然自足，曾不知老之将至。及其所之既倦，情随事迁，感慨系之矣。向之所欣，俯仰之间，已为陈迹，犹不能不以之兴怀。况修短随化〔4〕，终期于尽。古人云："死生亦大矣。"岂不痛哉〔5〕！

每览昔人兴感之由，若合一契，未尝不临文嗟悼，不能喻之于怀。固知一死生为虚诞，齐彭殇为妄作〔6〕。后之视今，亦犹今之视昔，悲夫！故列叙时人，录其所述。虽世殊事异，所以兴怀，其致一也。后之览者，亦将有感于斯文。

【注释】

〔1〕癸丑：古人以天干地支纪年，永和九年正值癸丑。

〔2〕禊事：古代民俗，人们在农历三月上旬的巳日，欢聚水边洗濯，以消除不祥，叫祓禊。魏以后改为三月初三日，内容也变成水边宴饮和郊游之类的活动。

〔3〕流觞曲水：把盛酒的杯子放在曲水上，任其顺流而下，停在谁的面前，谁就取饮。曲水：古人引水曲折成渠，以便流觞，称曲水。

〔4〕化：造化，指天，自然规律。

〔5〕原句见《庄子·德充符》。

〔6〕彭：彭祖，传说为尧时人，寿长八百岁。殇：夭折的儿童。"一死生"，"刘彭殇"，见《庄子·齐物论》。

【译文】

永和九年，正值癸丑之年，三月初三，我们聚合在会稽郡山阴县的兰亭，举行修禊活动。许多名人贤士都来了，老老少少聚集在一起。这里有高峻的山岭，茂盛的丛林，修长的翠竹。还有清澈激荡的急流，如带环绕左右，大家利用这流水作为流觞的曲水。大家依次坐在岸边，虽然没有美妙的音乐盛况，但饮酒咏诗，也可尽兴地畅叙衷情。这一天，天晴日朗，空气清新，和风温煦。抬头看那天宇广阔，低头看这大地万物繁多，借此纵目观览，畅舒胸怀，足以使耳目享受到极大的乐趣，实在是快乐呀！

人们相处在世，时间短暂。有的人喜欢直抒情怀，聚于一间房子里畅谈；有的人则借物托志，旷达放纵地生活。虽各人好恶千差万别，性格的恬静与浮躁各有不同，但他们都为自己的境遇感到高兴，对自己暂时所得，也觉愉快和满足，是不会觉察到时光流逝，衰老即将到来的。等到他们对自己所取得和谋求的事物厌倦了，情怀会随着事物的变化而转移，感慨也随之而来了。过去所喜爱的，转眼之间，已成旧事，依然不能不因此而感伤。何况寿命长短，是随着自然变化，终有尽时。古人说："死生也是大事啊！"难道不令人悲痛吗！

王羲之

每当我考察古人产生感慨的原因，好像不谋而合，没有不对着前人的文章戚然感叹，而内心又不知道为何会这样。因此知道把死生等同的言辞是虚妄的，把长寿与短命划一的论调是荒诞的。后代看现在，也就像我们看从前一样，真是伤悲啊！所以，我才把与会者逐一地记下来，收录了他们的诗，虽时代不同，人事各异，但使人感慨的原因，总是一致的。后辈读这诗集的人，也将会对这些诗文产生感慨吧！

归去来辞

陶渊明

【题解】

陶渊明（365—427），名潜，字元亮，浔阳柴桑（今江西省九江市西南）人。早年曾任江州祭酒、镇军参军、彭泽令等职，后因厌恶官场污浊，退隐农村，躬耕终生。死后，朋友私谥为"靖节"，世称"靖节先生"。他长于诗文辞赋。他的诗歌艺术成就很高，构思奇特，语言质朴，个性鲜明，自成一格。尤以描写田园生活的诗更为突出，感情真挚、风格朴素自然，如《归园田居》、《饮酒》等。另一些诗则表现了他的激愤之情，如《读山海经》、《咏荆轲》等。散文名篇有《桃花源记》、《五柳先生传》等。有《陶渊明集》。

《归去来辞》这篇为后世称颂的优秀辞赋，是陶渊明任彭泽令，因不愿谀事上官，归田时的作品。文中着力描写了他由迷途折回的喜悦以及对田园生活的热爱，表现了诗人的高洁志趣，也流露了“乐天知命”的消极处世的思想感情。

【原文】

归去来兮，田园将芜，胡不归！既自以心为形役〔1〕，奚惆怅而独悲！悟已往之不谏，知来者之可追，实迷途其未远，觉今是而昨非。

舟摇摇以轻飏，风飘飘而吹衣。问征夫以前路，恨晨光之熹微。乃瞻衡宇，载欣载奔。僮仆欢迎，稚子候门。三径就荒〔2〕，松菊犹存。携幼入室，有酒盈樽。引壶觞以自酌，眄庭柯以怡颜。倚南窗以寄傲，审容膝之易安。园日涉以成趣，门虽设而常关。策扶老以流憩，时矫首而遐观。云无心以出岫，鸟倦飞而知还。景翳翳以将入，抚孤松而盘桓。

归去来兮，请息交以绝游！世与我而相违，复驾言兮焉求？悦亲戚之情话，乐琴书以消忧。农人告余以春及，将有事于西畴。或命巾车，或棹孤舟，既窈窕以寻壑，亦崎岖而经丘。木欣欣以向荣，泉涓涓而始流，羡万物之得时，感吾生之行休。

已矣乎！寓形宇内复几时，曷不委心任去留？胡为遑遑欲何之？富贵非吾愿，帝乡不可期〔3〕。怀良辰以孤往，或植杖而耘耔。登东皋以舒啸，临清流而赋诗。聊乘化以归尽，乐夫天命复奚疑！

【注释】

〔1〕以心为形役：心，精神、意导；形，形体。此句意为，为了形体避免饥寒，委屈自己的心意去做官。

〔2〕三径：汉蒋诩辞官归隐，院中开三径，只与求仲、羊仲二人交往，这二人也是逃名不出之士。后用以指隐士的居处。

〔3〕帝乡：古代指天帝居住的地方，也就是神仙之境。

【译文】

归去吧，家中田园快要荒芜了，为什么还不回呢！既然把心灵交给躯体使役，为什么还要失望而独自悲伤！觉悟到往事已经不可挽回，而知道未来的事情尚可补救。实际看来我走入迷途还不算太远，认识到现在是对的，而以前错了。船漂荡着轻快地前进，微风飘飘吹拂着衣服。问行人前面道路，只恨早晨这朦胧之色看不清楚。

一看见自家房屋，便高兴得又喊又跑。仆人出来迎接，小儿子早就等候在门口。院中三条小路长满荒草，翠松霜菊还在。拉着孩子走进屋内，好酒已斟于杯中。举杯自酌自饮，看那院中花木，露出欣慰的笑脸。靠着南窗远望以寄托傲然自得的情怀，感觉这小屋才容易使我安乐。每天园中散步，积日成趣，门虽有，却常关着。拄着拐棍去转悠，倦了就休息，不时地抬头远眺。白云悠悠涌出山间，鸟飞得困倦时也知道归巢。夕阳暗淡将落山，我手抚孤松无意返还。

归去吧！让我断绝那世俗的交游，世俗既然与我本性相背，我再出游还能追求到什么呢？听听亲戚们说些知心话，或者抚琴读书来解忧。农民告诉我春天到了，田间耕作，农事忙了。有时坐着敞车，有时划着小舟，既去那幽深的山谷探寻，又不畏艰险跨越山丘。树木欣欣向荣，泉水涓涓而流。羡慕万物得遇这大好时光，感叹自己一生将到尽头。

算了吧！活在世上还有几时，何不任随心意决定去留，为什么遑遑不安，还想到哪去呢？富贵不是我的志愿，去天堂也没有希望。只盼有个好天气，独自出游，或将拐棍放到田边去除草培苗；或登上东边高地放声长啸；或面对清澈的水流即景赋诗。姑且顺应自然变化，归向生命的尽头，乐天安命，还怀疑什么！

桃花源记

陶渊明

【题解】

《桃花源记》是陶渊明的散文名篇，也是作者虚构的以寄托其社会理想的作品。文章以渔人的行迹为线索，通过渔人意外闯入与世隔绝的桃花源，为人们展现了一幅没有压迫，没有剥削，人人劳动，大家平等自由的社会生活图景。这种社会生活图景，是作者的社会理想。尽管这种理想在当时是无法实现的，但它反映了作者对当时社会现实的不满和否定，在一定程度上反映了广大人民追求美好生活的愿望，同时也流露了作者消极避世的思想。

【原文】

晋太元中，武陵人捕鱼为业[1]。缘溪行，忘路之远近。忽逢桃花林，夹岸数百步，中无杂树，芳草鲜美，落英缤纷。渔人甚异之，复前行，欲穷其林。

林尽水源，便得一山。山有小口，仿佛若有光。便舍船从口入。初极狭，才通人。复行数十步，豁然开朗。土地平旷，屋舍俨然，有良田、美池、桑竹之属。阡陌交通[2]，鸡犬相闻。其中往来种作，男女衣著，悉如外人。黄发垂髫[3]，并怡然自乐。见渔人，乃大惊，问所从来，具答之。便要还家，设酒杀鸡作食。村中闻有此人，咸来问讯。自云先世避秦时乱，率妻子邑人来此绝境，不复出焉，遂与外人间隔。问今是何世，乃不知有汉，无论魏晋。此人一一为具言所闻，皆叹惋。余人各复延至其家，皆出酒食。停数日，辞去。此中人语云："不足为外人道也。"

既出，得其船，便扶向路，处处志之。及郡

下，诣太守，说如此。太守即遣人随其往，寻向所志，遂迷，不复得路。

南阳刘子骥，高尚士也[4]，闻之，欣然规往。未果。寻病终。后遂无问津者。

【注释】

〔1〕太元：东晋孝武帝的年号（376—396）。武陵：汉郡名，至隋朝而废，地在今湖南常德。

〔2〕阡陌：田间小路。

〔3〕垂髫：古代儿童的头发下垂，所以用“垂髫”指童年，也可以指儿童。

〔4〕南阳：今河南南阳。刘子骥：东晋末年隐士，性好山水，曾入衡山采药，深入忘归。

【译文】

晋朝太元年间(376—396)，武陵有个以捕鱼为业的人，他沿着一条溪水驶行，忘了远近。忽然遇到一片桃林，两岸数百步之内，中间无一棵杂树，地上芳草清香，枝头繁花争妍。渔人很惊奇，又向前，想穿行这片桃林。

桃林尽头，是溪水发源之处，看见一座山。山有小洞，好像有光亮。渔人就下船登岸，从洞口钻进去。开始很小，刚能挤过一人。又前行几十步，突然明亮开阔。只见土地平而宽广，房屋整齐，那里有肥沃的良田，美丽的池塘及桑树竹林之类，田间小路纵横，村落间鸡犬之声彼此相闻。其中人来人往，耕种繁忙，男男女女的服饰，完全和外面的人一样。老少是那样的逍遥，自得其乐。他们看到渔人，非常惊讶，问他从何处来，渔人详细地告诉了他们。有人便邀请渔人到家，端酒杀鸡招待。村里听说来了这么一个人，都来问话。他们说，祖辈为逃避秦时的战乱，率妻携子，领着众乡亲，来到这与世隔绝之地，没再出去过，从此就与外面隔离了。他们问现在是什么朝代，根本不知道有个汉朝，更不用提魏晋两朝了。渔人一一向他们作了介绍，他们听了惊奇感叹。其余的人又分别轮流把渔人请到家里，拿出酒饭招待他。

渊明醉酒

渔人在此住了几天，告辞要回家，这里的人嘱咐他说："不能对外边的人讲这里的情形啊！"

渔人出洞后，找到了他的船，就沿着来的路，处处做上标记。来到武陵城下，渔人就去向太守说了自己的奇遇。太守立即派人跟他前往，寻找标记，然而却迷失了方向，再也找不到那条道路。

南阳刘子骥，是清高之人，听了这事，十分高兴地准备去找，计划还未施行，不久，就病故了。以后再也没有人去寻找桃花源了。

滕王阁序

王　勃

王　勃

【题解】

王勃（650—676），唐代文学家。字子安，绛州龙门（今山西河津）人。他出生书香世家，七岁即善作文，人称"神童"。九岁读《汉书》，就能指出注文中错误。十四岁中举，后任沛王的王府修撰，因作游戏文章触怒唐高宗，被逐出王府。在虢州参军任中，又擅杀逃奴，获罪革职。676年，往交趾（今越南北部）探亲，渡海时落水，受惊而死，年仅二十八岁。他文词出众，与杨炯、卢照邻、骆宾王齐名，称"初唐四杰"。他的作品大多是抒情、写景之作，风格自然清新，有不少传诵名作。名篇有《咏风》、《山中》、《送杜少府之任蜀州》等。他的散文意境开阔、情文并茂，《滕王阁序》是千古名篇。明人辑有《王子安集》。

《滕王阁序》全称《秋日登洪府滕王阁饯别序》，或称《滕王阁诗序》。阁在洪州（今江西南昌），为当时名胜。王勃二十七岁时去交趾探望父亲，途经洪州，参与阁都督宴会，即席作成此文。文中描绘滕王阁四周景物的华美壮丽，宴饮游娱的豪华场面，同时即景生情，抒发了作者的羁旅之情和怀才不遇的愤懑与感叹。是王勃骈文的代表作。阁为高祖之子李元婴在贞观十三年（639）受封为滕王后，曾官洪州都督时所建，故称洪州滕王阁。

【原文】

南昌故郡，洪都新府[1]；星分翼轸，地接衡庐[2]；襟三江而带五湖，控蛮荆而引瓯越[3]。物华天宝，龙光射牛斗之墟[4]；人杰地灵，徐孺下陈蕃之榻[5]。雄州雾列，俊彩星驰。台隍枕夷夏之交[6]，宾主尽东南之美。都督阎公之雅望，棨戟遥临[7]；宇文新州之懿范，襜帷暂驻[8]。十旬休暇[9]，胜友如云；千里逢迎，高朋满座。腾蛟起凤，孟学士之词宗[10]；紫电青霜，王将军之武库[11]。家君作宰[12]，路出名区；童子何知，躬逢胜饯。

时维九月，序属三秋；潦水尽而寒潭清，烟光凝而暮山紫。俨骖騑于上路[13]，访风景于崇阿；临帝子之长洲，得仙人之旧馆[14]。层峦耸翠，上出重霄；飞阁流丹，下临无地。鹤汀凫渚，穷岛屿之萦回；桂殿兰宫，列冈峦之体势。

披绣闼，俯雕甍，山原旷其盈视，川泽纡其骇瞩。闾阎扑地[15]，钟鸣鼎食之家；舸舰迷津，青雀黄龙之舳[16]。虹销雨霁，彩彻云衢；落霞与孤鹜齐飞[17]，秋水共长天一色。渔舟唱晚，响穷彭蠡之滨[18]；雁阵惊寒，声断衡阳之浦[19]。遥吟俯畅，逸兴遄飞；爽籁发而清风生，纤歌凝而白云遏。睢园绿竹，气凌彭泽之樽[20]；邺水朱华，光照临川之笔[21]。四美具，二难并。穷睇眄于中天，极娱游于暇日。天高地迥，觉宇宙之无穷；兴尽悲来，识盈虚之有数[22]。望长安于日下，指吴会于云间[23]。地势极而南溟深，天柱高而北辰远[24]。关山难越，谁悲失路之人？萍水相逢，尽是他乡之客。怀帝阍而不见，奉宣室以何年[25]？

呜呼！时运不齐，命途多舛；冯唐易老，李广难封[26]。屈贾谊于长沙，非无圣主[27]；窜梁鸿于海曲，岂乏明时[28]？所赖君子安贫，达人知命。老当益壮，宁移白首之心；穷且益坚，不坠青云之志。酌贪泉而觉爽，处涸辙以犹欢[29]。北海虽赊，扶摇可接[30]；东隅已逝，桑榆非晚[31]。孟尝高洁，空怀报国之心[32]；阮籍猖狂，岂效穷途之哭[33]？

勃，三尺微命，一介书生。无路请缨，等终军之弱冠[34]；有怀投笔，慕宗悫之长风[35]。舍簪笏于百龄，奉晨昏于万里[36]；非谢家之宝树，接孟氏之芳邻[37]。他日趋庭，叨陪鲤对[38]；今晨捧袂，喜托龙门。杨意不逢，抚凌云而自惜[39]？钟期既遇，奏流水以何惭[40]？

呜呼！胜地不常，盛筵难再；兰亭已矣，梓泽丘墟[41]；临别赠言，幸承恩于伟饯；登高作赋，是所望于群公。敢竭鄙诚，恭疏短引；一言均赋，四韵俱成。请洒潘江，各倾陆海云尔[42]。

滕王高阁临江渚，佩玉鸣鸾罢歌舞。画栋朝飞南浦云，朱帘暮卷西山雨。闲云潭影日悠悠，物换星移几度秋？阁中帝子今何在？槛外长江空自流[43]！

【注释】

〔1〕南昌：一作豫章。汉时曾设豫章郡，郡治在南昌。隋曾改为洪州，不久又恢复旧名。所以称“故郡”。唐又改为洪州，设大都督府。所以称“新府”。

〔2〕星分翼轸（zhěn）：古时用天上二十八宿星座的方位和地上几个大区域对应，叫“分野”。翼、轸，是二星宿名，其分野是楚地。南昌古属楚境，所以说“星分翼轸”。衡庐：衡山、庐山。

〔3〕三江：大体是指长江中下游的一些河川。五湖：一般认为指蒌湖、游湖、莫湖、贡湖、胥湖，都在太湖东岸，古时各为一湖，今则相连。蛮荆：指今湖南、湖北及四川、贵州部分地区。瓯越：指今浙江温州一带以及福建、广东、广西等地。

〔4〕龙光：龙泉宝剑的光。据《晋书·张华传》：张华见斗、牛之间有紫

气，向雷焕询问原因。雷焕说是丰城（属洪州）宝剑之精上通于天的缘故。张华就派雷焕为丰城令，寻找宝剑。雷焕到县后，从牢狱的屋基下掘到一个石匣，内有宝剑两把，一名龙泉，一名太阿，光芒耀目。牛、斗：二星宿名。

〔5〕徐孺：即徐孺子，名稺，东汉豫章南昌人。家贫，但不肯做官，以耕种为生。陈蕃做豫章太守，向来不接待宾客，只肯接待徐孺子一个人。他为徐孺子特设一榻，徐去后就悬挂起来，不准别人用。

〔6〕台隍：台，城楼；隍，护城河，有水称池，无水叫隍。

〔7〕棨（qǐ）戟：有衣套的戟，衣用赤黑缯缝制。古时官吏出行，骑使带剑持棨戟作为前驱。

〔8〕宇文：名与事均未详。新州，治新兴县，今广东新兴县治。大概宇文为新州刺史。襜（chān）帷：车帷，这里用以指车马。

〔9〕十旬休暇：意为十天休假一天。唐时官吏遇旬休沐，称为旬休。

〔10〕孟学士：名不详。

〔11〕紫电：宝剑名。青霜：亦是宝剑名。王将军：名未详。

〔12〕家君：家父。作宰：王勃父亲当时任交趾令。

〔13〕骖騑：驾在两旁的马，这里指车马。

〔14〕帝子、仙人：均指滕王。

〔15〕闾阎：里巷的门，这里指住宅。

〔16〕舳（zhú）：船后掌舵的地方，这里指船。

〔17〕鹜：鸭。这里当凫讲，即野鸭。

〔18〕彭蠡：鄱阳湖。

〔19〕衡阳：今湖南衡阳县。传说衡阳有回雁峰，雁到此不过，到了春天再北归。

〔20〕睢（suī）园绿竹：据《水经注》载：“睢水又东南流，历（经过）于竹圃，水次（滨）绿竹荫渚，菁菁实望。世人言梁王竹园也。”梁王，西汉梁孝王。他常和宾客在竹园中饮宴赋诗，故址在睢阳（河南商丘东），亦称梁园。彭泽：陶渊明。他曾任彭泽令，故称。这里借梁孝王、陶渊明来赞美座中宾主善饮。

〔21〕邺水朱华：邺，地名，故城在今河南临漳西，是曹魏兴起的地方。当时曹丕、曹植兄弟和王粲、刘桢等邺下文人时常在铜雀园（又称西园）参加公宴，饮酒唱和。曹植《公宴》诗这样描写铜雀园景色：“秋兰被长坂，朱华冒绿池。”朱华：荷花。临川：郡名，故治在今江西临川县西。谢灵运曾任临川内史，这里的临川即指谢灵运。这是借曹植、谢灵运来赞美座中宾客能文。

〔22〕数：运数，即命运。

〔23〕长安：唐朝的京城。日下，指京都。吴会（kuài）：吴郡，今江苏苏州市。云间，地名，古属吴郡。句中的“日下”、“云间”既谓南北遥望远指，又

有双关寓意。

〔24〕南溟：南海，暗指交趾。天柱：星名。《星经》称，“天柱天星，在紫微宫内。”北辰：北极星。天柱、北辰都暗指朝廷。

〔25〕帝阍：帝，天帝；阍，守门人。这里帝阍指君门、朝廷。宣室：汉代未央宫中的殿名，汉文帝曾在这里召见贾谊。

〔26〕冯唐：西汉人。文帝时年老官低，武帝访求人才，有人荐举冯唐，他已九十余岁了。李广：汉代名将，屡立大功，但终生未得封侯。

〔27〕贾谊：汉文帝本想重用贾谊，但因听信了谗言，疏远他，让他离开朝廷去做长沙王太傅。

〔28〕梁鸿：东汉人，曾作歌讽刺朝政。汉章帝派人去找他，他改名换姓，和妻子住在齐、鲁、吴等地。窜，隐匿，这里是使动用法。海曲，岛。齐鲁之地三面滨海，所以称海曲。

〔29〕贪泉：《晋书·吴隐之传》称：广州北边的石门有水叫贪泉。喝了那水就会贪得无厌。吴隐之到了那里，喝了泉水，赋诗说：“古人云此水，一歃怀千金。试使夷齐（伯夷、叔齐）饮，终当不易心。”涸辙：水枯竭了的车辙。《庄子》有小鱼处在涸辙中的寓言。见《外物》。这里用涸辙喻人的困境。

〔30〕扶摇：旋风。

〔31〕东隅：东方日出的地方，这里指早晨。桑榆：日落时，仍有余光留在桑榆上，所以喻黄昏。

〔32〕孟尝：汉朝人，操行高洁。曾任太守，后因病辞官。桓帝时，有人上书推荐孟尝，但终没有被用，老死家中。

〔33〕阮籍：魏晋间人，性旷达不羁。不满司马氏专权，为避免政治迫害，就借饮酒来掩护自己。经常驾车出游，当前面遇到障碍，不能前进时，就痛哭而回。

〔34〕请缨：缨，系在马颈上用以驾车的皮条。请缨，请求赐给长缨，意为请求赐予杀敌的命令。终军：西汉人。二十岁时，出使南越，上书请缨，要求缚南越王而回。弱冠：二十岁。

〔35〕投笔：指班超投笔从戎事。班超，汉人，初任抄写之职，有一天，投笔叹道：大丈夫当立功异域，怎能久事笔砚间乎？后来从军，因通西域有功，封定远侯。宗悫（què）：南朝宋人。年少时，叔父问他的志向，他说：“愿乘长风破万里浪。”后来功大封侯。

〔36〕簪笏：均是做官者的用物，此用以指仕途前程。晨昏：旧时礼制，子女早、晚要向父母问安。

〔37〕谢家之宝树：指谢玄。《世说新语·言语》载：谢安问他的子侄，为什么人们总希望子弟好？侄子谢玄回答：“譬如芝兰玉树，欲使其生于阶庭耳。”旧时因此用“芝兰玉树”喻贵家子弟，也用以指有文才的人。孟氏之芳

邻：孟子母亲曾三次搬家，为了要找个好邻居，以便让儿子得到良好的成长环境。

〔38〕趋庭：“趋”是古时下对上的一种礼节。鲤：孔鲤，孔子的儿子。“鲤对”指孔鲤在父亲面前回答提问，接受教导。

〔39〕杨意：杨得意。汉人，司马相如的邻人。因为他的推荐，司马相如才做官。凌云：本意是超尘出世，这里是指司马相如的《大人赋》，因为汉武帝读到《大人赋》后，感到“飘飘有凌云之气。”

〔40〕钟期：即钟子期，春秋时楚人。据《列子·汤问》：伯牙善鼓琴，只有钟子期能知音。伯牙鼓琴，志在高山，钟子期说：“善哉，巍巍乎若泰山！”后来志在流水，子期说：“善哉，洋洋若江河！”钟子期死后，伯牙碎琴绝弦不复鼓琴。

〔41〕梓泽：石崇金谷园的别名。

〔42〕《古文观止》原本删去了这两句，现据《全唐文》181补足。潘：潘岳。陆：陆机。钟嵘《诗品》：“陆才如海，潘才如江。”江、海喻才学渊博。

〔43〕长江：指赣江。

【译文】

豫章是旧时郡署之地，洪州是新设的都督之府；天上翼星、轸星的分野，地下连接着衡州、江州两处；三江为衣襟五湖为束带，上控荆楚下接瓯越。物产华美，天生宝物，龙泉宝剑之光直射斗、牛星座；人物俊杰而山川灵秀，徐孺子留宿在陈蕃专设的卧榻。雄伟的州城在云雾中屹立着，杰出的人才如流星飞驰。城池横在东南与中原相交之处，宾主都是东南地区的优秀人物。都督阎公有着高雅的名望，从远处到这里镇守；新州刺史宇文公是好的榜样，他的车辆到这里暂驻。十天一旬的休假日，好友如云；喜迎千里宾客，良朋满席，文采龙飞凤舞，有如孟学士一般；胸有宝剑紫电青霜，都有王将军的六韬三略。家父在交趾做县令，我探父路过此胜地，我年幼无知，却有幸参加这次盛宴。

时令正是九月，季节在三秋。地面积水退尽而寒冷的潭水清澈见底，烟云凝聚而傍晚的山峰发紫。山路上排列着整齐的车马，寻访风景去高山；到滕王建阁的长洲，找到仙人所建的馆阁。重叠的山峦耸着翠绿的色彩，直透云霄，飞舞的楼阁闪动着油漆的红光，向下看不见地面。鸟类栖息的沙洲，极尽岛屿曲折迂回的情致；用贵重木头建造的宫殿，完全顺着山冈起伏之势。推开那彩绘的阁门，俯视那华丽的屋脊，山原辽阔眺望无垠，川泽浩茫触目惊心。房屋遍地，有不少显贵高门；船只停满渡口，见许多雀舫龙舟。彩虹隐没而雨过天晴，灿烂的阳光照彻天空。晚霞与暮鸭一齐飞翔，秋水和长天相映于一色。渔船上在傍晚时传来一阵阵歌声，飘荡在鄱阳湖畔；寒风中雁阵惊鸣，声音消失在衡阳水边。远望长吟俯临山川多么舒畅，豪情雅兴飞腾。箫管齐奏引来清风；歌声绵延而白云被阻。梁王竹园的宴会，酒兴压倒陶渊明；邺水之畔咏荷花的大作，文采超过谢灵运之笔。良辰、美景、赏心、乐事四件好事齐备，学通古今的贤哲难得齐聚一堂。放眼天地间，在假日里尽情娱乐。天高地远，觉得宇宙浩渺无垠；兴尽悲来，认识到盛衰自有定数。西望长安远在夕阳之下，手指吴郡隐现于云雾之间。地尽东南啊南海深，天高西北啊北辰远。关山难超越，哪一个同情迷路游子？萍水相逢，大家都是他乡陌生人。怀念朝廷都不能进见，像贾谊那样在宣室召见，谁知在哪年？

唉！时运不顺，命途坎坷；冯唐易老，李广终难封侯；贾谊贬于长沙，并非没遇着圣明的君主；梁鸿避居沿海，难道不是太平的时代？依赖的是君子能够安贫乐道，通达的人乐天知命。年迈而志益壮，哪能改白发人的心愿；人穷应该更坚强，决不坠青云之志；饮贪泉水而神志清爽；处涸辙中而心情欢畅。北海虽遥远，乘着风力还是可以到达的；早晨失去了，抓住傍晚时光大干，不为太晚。孟尝操行高洁，却空怀一腔报国忠心；阮籍放荡不拘，岂能学他遇穷途而痛哭！

我是一个身份低微的书生，没有机会请缨杀敌，虽然已与终军同龄；有心投笔从戎，很羡慕宗悫乘风破浪的壮志。如今舍弃了一生的富贵爵禄，去万里以外侍奉双亲；我虽不是谢家的“宝树”，却能学孟母交接好邻居。不久就要“趋庭鲤对”承父教诲，今日有幸“喜登龙门”拜见了高雅之士。我如果碰不到杨得意，就只能抚摸着凌云之赋为自己惋惜；既已遇见了钟子期，奏起那流水之曲而心有何愧。

唉！名胜之地难常在，丰盛宴席难再遇；兰亭修禊的雅兴已过去了，金谷园林的楼阁早成废墟。临别赠言，为的是

在这盛大的饯别宴会上侥幸蒙受都督的恩遇。至于登高作赋，只能期望在座的诸位。我不敢不竭尽自己鄙陋的诚意，恭敬地写了这篇短序。说定每人赋诗一首，我已写成四韵八句：

雄伟的滕王阁耸立江边，
佩玉鸣，鸾铃响，舞止宴罢客散去。
彩绘的栋梁晨光中缭绕着南浦的白云，
朱帘暮霭里卷收起西山的阵雨。
云倒影深潭中，每日静悠悠，
景变时迁，已过了几度春秋。
阁楼中游乐的王子如今在哪里？
留下槛外赣江独自流！

陋　室　铭

刘禹锡

【题解】

刘禹锡（772—842），字梦得，洛阳（今河南洛阳）人。中唐著名文学家和具有唯物主义思想的哲学家。唐顺宗永贞九年进士。因参加王叔文集团的进步政治改革遭到失败，被贬为朗州（今湖南省常德市）司马等官职，在外地二十多年。后入朝做主客郎中，晚年任太子宾客，加检校礼部尚书。世称刘宾客。他长于诗文，和柳宗元交谊很深，人称“刘柳”；与白居易唱和甚多，并称“刘白”。他的诗沉着隐练，风格自然，格律精切。他的散文，接受韩柳古文运动的观点，具有精练深刻、耐人寻味的特点。有《刘梦得文集》传世。重要的哲学著作有《天论》三篇。

刘禹锡

《陋室铭》是一篇脍炙人口的散文。文章通过对陋室的描写和赞颂，抒发了作者甘居陋室、安贫乐道的思想感情，表现了作者不慕富贵、不与世俗同流合污的高洁志行。

【原文】

山不在高，有仙则名；水不在深，有龙则灵。

斯是陋室，惟吾德馨。苔痕上阶绿，草色入帘青。谈笑有鸿儒，往来无白丁。可以调素琴，阅金经；无丝竹之乱耳，无案牍之劳形。南阳诸葛庐，西蜀子云亭〔1〕。孔子云：“何陋之有〔2〕？”

【注释】

〔1〕子云：扬雄的字。扬雄是汉代词赋家，蜀郡成都人；成都有扬雄宅，称草玄堂，后人称为扬子宅、扬子居。

〔2〕何陋之有：见《论语·子罕》：“子曰：‘君子居之，何陋之有？’”文中引用，有陋室居者为君子的意思。

【译文】

山不在于高，只要有仙人居住就会出名；水不在于深，只要有蛟龙栖留就显神灵。这是一间简陋的居室，因我的美德使它芳名远扬。苔藓爬上台阶染出一片碧绿，草色映入竹帘映得满屋青色。这里谈笑的都是博学多识的人，来往的没有不学无术之徒。平时可以弹奏清雅的古琴，阅读泥金书写的佛经。没有烦杂的音乐搅扰听觉，没有文牍公务劳累身心。似南阳诸葛亮的茅庐，如西蜀扬子云的草屋。孔子说：“这有什么简陋呢？”

阿房宫赋

杜　牧

【题解】

杜牧（803—852），字牧之，京兆万年（今陕西省西安市）人。宰相杜佑之孙。文宗大和二年（828）进士，因秉性刚直被人排挤，在江西、宣歙、淮南诸使幕作了十余年幕僚。三十六岁内迁京官，又受宰相李德裕排挤，出为黄州、池州等地刺史。后李德裕失势，内调为司勋员外郎。官终中书舍人。他工诗、赋、古文，是晚唐颇负盛名的诗人，人称小杜，以别杜甫。他的古诗笔力豪健，近体诗清丽、爽朗，自成风格，尤以抒情绝句，意境深远，为历代诗家所传诵。他和李商隐齐名，人称“小李杜”。著有《樊川文集》。

《阿房宫赋》为散文赋中精品。通过对阿房宫建筑的宏伟富丽及宫中声色繁华的描绘，揭露了秦始皇骄奢淫逸的生活，指出了由此带来的灭亡后果，从而告诫统治者要吸取历史教训，勿蹈亡秦覆辙。赋，是一种文学体裁，它讲究铺陈描绘，讲究音韵、排偶。盛行于汉代，有俳赋、律赋和散文赋等类。

【原文】

六王毕，四海一；蜀山兀，阿房出。覆压三百余里，隔离天日。骊山北构而西折，直走咸阳。二川溶溶，流入宫墙[1]。五步一楼，十步一阁；廊腰缦回，檐牙高啄[2]。各抱地势，钩心斗角[3]。盘盘焉，囷囷焉，蜂房水涡，矗不知其几千万落。长桥卧波，未云何龙？复道行空，不霁何虹？高低冥迷，不知西东。歌台暖响，春光融融；舞殿冷袖，风雨凄凄。一日之内，一宫之间，而气候不齐。

妃嫔媵嫱[4]，王子皇孙，辞楼下殿，辇来于秦[5]。朝歌夜弦，为秦宫人。明星荧荧，开妆镜也；绿云扰扰，梳晓鬟也[6]；渭流涨腻，弃脂水也；烟斜雾横，焚椒兰也[7]；雷霆乍惊，宫车过也；辘辘远听，杳不知其所之也。一肌一容，尽态极妍；缦立远视，而望幸焉。有不得见者三十六年。燕、赵之收藏，韩、魏之经营，齐、楚之精英，几世几年，取掠其人，倚叠如山。一旦不能有，输来其间。鼎铛玉石，金块珠砾，弃掷逦迤，秦人视之，亦不甚惜。

嗟乎！一人之心，千万人之心也。秦爱纷奢，人亦念其家。奈何取之尽锱铢[8]，用之如泥沙？使负栋之柱，多于南亩之农夫；架梁之椽，多于机上之工女；钉头磷磷，多于在庾之粟粒；瓦缝参差，多于周身之帛缕；直栏横槛，多于九土之城郭；管弦呕哑，多于市人之言语。使天下之人，不敢言而敢怒。独夫之心，日益骄固。戍卒叫，函谷举[9]；楚人一炬，可怜焦土[10]。

呜呼！灭六国者，六国也，非秦也；族秦者[11]，秦也，非天下也。嗟夫！使六国各爱其人，则足以拒秦。秦复爱六国之人，则递三世可至万世而为君，谁得而族灭也！秦人不暇自哀，而后人哀之；后人哀之而不鉴之，亦使后人而复哀后人也。

【注释】

〔1〕二川：指古滈（hào）水、潒（jù）水。

〔2〕檐牙：屋顶檐口的瓦当排列整齐，好像牙齿。啄：鸟嘴。

〔3〕钩心斗角：建筑物的突出部分相互穿插交错，是谓钩心；屋角与屋角相互交接，好像争势斗角。

〔4〕妃嫔（pín）：帝王的妾侍；妃，地位次于后。媵（yìng）：随后妃陪嫁的人。嫱（qiáng）：宫中女官。

〔5〕辇（niǎn）：用人拉的车，后多指帝王乘坐的车。

〔6〕鬟：把头发梳成环状，以增加美丽。

〔7〕椒兰：香料。

〔8〕锱铢（zī zhū）：古代重量单位，二十四铢为两，六铢为锱。

〔9〕戍卒叫：戍卒指陈胜、吴广等，他们被征召到边地去戍守，于秦二世元年七月，率众起义，全国响应。函谷举：指函谷关被项羽兵攻破。

〔10〕楚人一炬：项羽为楚人。他攻占咸阳时，放火将秦朝宫室烧成焦土。

〔11〕族：作动词用，使秦族灭。

【译文】

六国覆灭，全国统一；蜀中山林砍光了，阿房宫建成了。占地三百余里，遮天蔽日。由骊山向北建造，折而向西，直通咸阳。渭川、樊川的水缓缓流入宫墙。五步一幢楼，十步一高阁；长廊细腰曲折萦回，房檐似群鸟俯啄；各依地势起伏修建，排列得钩心斗角。回旋盘结，似蜂房，像旋涡，巍然耸立不知有几千万院落。长桥横卧渭水，没有云，却怎么出了金龙？天桥高架空中，不是雨后天晴，哪里来的彩虹？高高低低使人迷蒙，方向难以辨清。歌台上乐声柔和，暖洋洋沉醉在阳春之

中；舞殿里长袖甩动，凉飕飕似在凄凉的风雨之中。一天之内，一宫之中，而冷暖大不相同。

杜牧

被俘的六国宫女、权贵，辞别了各自的楼殿，坐车来到秦国。日夜高歌奏乐，成了秦国的宫人。明亮的星星闪耀着，那是宫女打开了梳妆镜；绿云纷扰啊，那是宫女清早在梳头发；渭河浮油腻啊，那是宫女们倒掉了洗脂粉的水；烟雾缭绕啊，那是宫女们在焚烧香料；忽有雷声阵阵，那是宫车经过呀；辘辘车声渐渐远去，不知它去了哪里。宫女们每一副容貌，每一种体态，都是那样的极尽娇艳。不安地站着远望，期待着始皇驾临恩幸。有的三十六年未见始皇一面。燕、赵的收藏，韩、魏的积聚，齐、楚的精华，多少世代多少年，从其百姓中搜刮而来，堆积如山。一旦无法占有，全运到这阿房宫中。宝鼎做锅，美玉成石，黄金似泥，珍珠像沙砾，到处乱丢，秦人看待这些珍宝，并不很爱惜。

啊！一个人的心思，也是千万个人的心思啊。秦王好奢侈华丽，天下人也顾念自己的家。为何向百姓搜刮连锱铢般小的财物也不放过，而使用时却挥霍如泥沙一般！使顶梁的柱子，多于农夫；架在梁上的椽子，多于织机上的织女；钉头颗颗光亮，多于粮仓里的谷粒；瓦缝错综，多于衣服上的线缕；栏杆和门槛，多于天下的城郭；乐器奏鸣之声，多于闹市人语声。致使天下的人，口不敢讲却心积愤怒。独裁者的心，一天比一天骄横顽固。于是，陈胜、吴广振臂一呼，函谷关就被占领；项羽一把大火，可惜那阿房宫成了一片焦土。

唉！灭亡六国的是六国自己，并不是秦国。灭亡秦朝的是秦国自己，也不是天下人。哎呀！倘使六国的统治者各爱自己的百姓，那么就足够抵抗秦国。假如秦国又能爱护六国百姓，那么就会由三世传到很多世做皇帝，谁能够消灭它呢？秦国统治者来不及哀痛自己的灭亡，而后代的人却常哀痛他们；后代的人虽然哀痛他们却不借鉴他们，也将使更后的人又替他们痛心了！

师　　说

韩　愈

韩　愈

【题解】

韩愈（768—824），河南河阳（今河南孟县南）人，字退之。唐代文学家、思想家、政治活动家，与柳宗元同为古文运动的倡导者，被列为“唐宋八大家”之首，更兼擅诗、赋等众体，是文学创作的全才。

这是阐述从师之道的一篇文章，主要论点是“学者必有师”，“道之所存，师之所存”，强调老师的作用和从师的重要性。韩愈提出师道在于“传道、授业、解惑”，主张不拘年龄、地位，向比自己有专长的人学习。他又说“巫医药师百工之人，不耻相师”，“师不必贤于弟子”，要求士大夫都能这样。这种看法表明了他不同于世俗的态度，在当时是进步的，对后代也有启发和借鉴作用。当然他实际上也表现出对巫医药师百工之人的轻视。

说，是议论文的一种。

【原文】

古之学者必有师。师者，所以传道受业解惑也。人非生而知之者，孰能无惑？惑而不从师，其为惑也，终不解矣。生乎吾前，其闻道也，固先乎吾，吾从而师之；生乎吾后，其闻道也，亦先乎吾，吾从而师之。吾师道也，夫庸知其年之先后生于吾乎〔1〕？是故无贵无贱，无长无少，道之所存，师之所存也。

嗟乎！师道之不传也久矣，欲人之无惑也难矣〔2〕。古之圣人，其出人也远矣，犹且从师而问焉；今之众人，其下圣人也亦远矣，而耻学于师。是故圣益圣，愚益愚。圣人之所以为圣，愚人之所以为愚，其皆出于此乎？爱其子，择师而教之；于其身也，则耻师焉，惑矣。彼童子之师，授之书而习其句读者也，非吾所谓传其道、解其惑者也。句读之不知，惑之不解，或师焉，或不焉，小学而大遗，吾未见其明也。巫、医、乐师、百工之人，不耻相师[3]。士大夫之族，曰师曰弟子云者，则群聚而笑之。问之，则曰："彼与彼年相若也，道相似也。"位卑则足羞，官盛则近谀。呜呼！师道之不复可知矣。巫、医、乐师、百工之人，君子不齿。今其智乃反不能及，其可怪也欤！

圣人无常师[4]。孔子师郯子、苌弘、师襄、老聃[5]。郯子之徒，其贤不及孔子。孔子曰："三人行，则必有我师。"是故弟子不必不如师，师不必贤于弟子。闻道有先后，术业有专攻，如是而已。

李氏子蟠，年十七，好古文，六艺经传皆通习之，不拘于时，学于余[6]。余嘉其能行古道，作《师说》以贻之。

【注释】

〔1〕庸知：不需知，哪里管。

〔2〕师道：从师学习的风尚。

〔3〕相师：相互为师，互相学习。

〔4〕常师：固定的老师。

〔5〕郯（tán）子：春秋时郯国（山东郯城）的国君。孔子曾向他请教过少皞（hào）氏时代的官职名称。事见《左传·昭公十七年》。苌弘：春秋时周敬王的大夫。孔子至周，曾向他学习弹琴。事见《孔子家语·观周》。师襄：周太师（乐官）。孔子曾向他学习弹琴。事见《史记·孔子世家》。老聃（dān）：姓李，名耳，字聃，即老子。春秋时楚国人，曾做过周守藏室的史官。孔子至周，曾向他请教周礼。事见《孔子家语·观周》。

〔6〕六艺经传：六经的经文和传文。六经，指《诗》、《书》、《礼》、《乐》、《易》、《春秋》。传，释经的著作。

【译文】

古时候求学问的人一定要有老师。老师，是靠他来给学生传授道理、教授学业、解释疑难问题的。人不是生下来就懂得道理和知识的，谁能没有疑难呢？既然有疑难却不跟老师学，那些成为疑难问题的，就始终得不到解决了。生在我前面的人，他懂得道理本来比我早，我就虚心跟着他，拜他为师；生在我后面的人，如果他懂得道理也比我早，我也虚心地跟着他，拜他为老师。我是为了学得知识啊，那又哪管他生的年代在我的前面或后面呢？因此，无论他地位高低，无论他年岁大小，道理和知识在谁那儿，谁就是我的老师。

唉！从师求学的风尚已经很久不流传了！当然想要人没有疑惑也就很难了！古代的圣人，他们的水平远远超过一般人，尚且跟着老师虚心求教；现在的一般人，他们的水平远远低于那些圣人，却以从师求学为耻。因此，圣人就更加圣明，愚人就更加愚昧。圣人之所以成为圣人，愚人之所以成为愚人，这大概都是出于这种原因吧？有人爱他的孩子，就选择个好老师去教他；但对他自己呢，却以从师求学为羞耻，这真糊涂啊！那些教孩子的老师，教给他们读书并帮他们学习其中的字句知识的，还不是我前面所说的给人传授道理、解除疑难的老师。一个是不懂得句读，一个是不能解决疑难，前者向老师请教，后者却不向老师请教；小的方面学习而大的方面却丢弃不学，我看不出他明白这个道理。巫医、乐师、各种工匠，他们还不以互相学习为耻。而士大夫之类，一听到称“老师”称“弟子”等等的话，就凑在一块议论耻笑人家。问他们为什么要这样，就说什么：“某人和某人年龄差不多，学问知识也很相近嘛！”以地位低的人为老师，就实在羞耻；以官职高的人为老师，就近乎巴结。唉！从师求学的风尚不容易恢复，从这就可想而知了。那些巫医、乐师、各种工匠，本是上流人物所瞧不起的，可现在“君子”的智慧竟反而不如他们，这真是很奇怪的现象啊！

那些圣人都没有固定的老师。例如孔子就曾经向郯子、苌弘、师襄、老聃请教过。像郯子这些人，他们的品德才智都不如孔子。孔子说过：“三人同行，其中就一定有可以当我老师的人。”所以说，学生不一定不如老师，老师也不一定样样都比学生强，这是因为掌握知识有早有晚，学术技能各有各的专门研究，就是这个道理罢了。

李家的孩子叫蟠的，十七岁，喜欢古文，六经的经文和传文都普遍地学习过，而且不受时俗的限制，跟着我求学。我赞许他能实行古人从师的正道，写下这篇《师说》来赠送给他。

进 学 解

韩 愈

【题解】

《进学解》是对增进学业问题的辨析。韩愈自以“才高”，几次遭受贬斥，就在宪宗元和七年（812）再度降为国子博士后，模仿汉代东方朔《答客难》、扬雄《自嘲》一类的文章，假设师生对话，借学生的口为自己鸣不平。这样，不仅表达了对自己不得重用的不满，也表达了朝廷应该“拔去凶邪，登崇俊良”的一贯主张。文章曲折地揭露了唐代统治阶级不以才德取人的错误，也反映了作者在当时统治阶级内部斗争中所处的困境。作者提出的“业精于勤荒于嬉，行成于思毁于随”的意见，是值得重视的。

本文属于辞赋一类，骈偶句多，用韵也多，但文章布局还是有散文的长处。

【原文】

国子先生，晨入太学，招诸生立馆下，诲之曰：“业精于勤，荒于嬉；行成于思，毁于随。方今圣贤相逢，治具毕张[1]。拔去凶邪，登崇俊良。占小善者率以录，名一艺者无不庸。爬罗剔抉，刮垢磨光。盖有幸而获选，孰云多而不扬？诸生业患不能精，无患有司之不明；行患不能成，无患有司之不公[2]。”

言未既，有笑于列者曰：“先生欺余哉！弟子事先生，于兹有年矣。先生口不绝吟于六艺之文，手不停披于百家之编。纪事者必提其要，纂言者必钩其玄。贪多务得。细大不捐。焚膏油以继晷，恒兀兀以穷年[3]。先生之于业，可谓勤矣。抵排异端，攘斥佛老。补苴罅漏，张皇幽眇。寻坠绪之茫茫，独旁搜而远绍。障百川而东之，回狂澜于既倒。先生之于儒，可谓劳矣，沉浸醲郁，含英咀华，作为文章，其书满家。上规姚姒，浑浑无涯[4]，周《诰》、殷《盘》，佶屈聱牙[5]，《春秋》谨严，《左氏》浮夸[6]，《易》奇而法，《诗》正而葩[7]；下逮《庄》《骚》，太史所录，子云相如，同工异曲[8]。先生之于文，可谓闳其中而肆其外矣。少始知学，勇于敢为。长通于方，左右具宜。先生之于为人，可谓成矣。然而公不见信于人，私不见助于友。跋前踬后，动辄得咎[9]。暂为御史，遂窜南夷。三年博士，冗不见治。命与仇谋，取败几时。冬暖而儿号寒，年丰而妻啼饥。头童齿豁，竟死何裨[10]。不知虑此，反教人为？"

先生曰："吁，子来前！夫大木为宗，细木为桷，欂栌，侏儒，椳闑、扂楔，各得其宜，施以成室者，匠氏之工也[11]。玉札丹砂，赤箭青芝，牛溲马勃，败鼓之皮，俱收并蓄，待用无遗者，医师之良也[12]。登明选公，杂进巧拙，纡余为妍，卓荦为杰，校短量长，惟器是适者，宰相之方也。昔者孟轲好辩，孔道以明，辙环天下，卒老于行。荀卿守正，大论是弘，逃谗于楚，废死兰陵。是二儒者，吐辞为经，举足为法，绝类离伦，优入圣域，其遇于世何如也？今先生学虽勤而不由其统，言虽多而不要其中，文虽奇而不济于用，行虽修而不显于众。犹且月费俸钱，岁縻廪粟。子不知耕，妇不知织。乘马从徒，安坐而食。踵常途之役役，窥陈编以盗窃。然而圣主不加诛，宰臣不见斥，非其幸欤？动而得谤，名亦随之。投闲置散，乃分之宜。若夫商财贿之有亡，计班资之崇庳，忘己量之所称，指前人之瑕疵，是所谓诘匠氏之不以杙为楹，而訾医师以昌阳引年，欲进其豨苓也[13]。"

【注释】

〔1〕治具毕张：法制健全，付诸实施。

〔2〕有司：主管官员或官府。

〔3〕恒兀兀：坚持长久，勤奋不止。

〔4〕规：作为典范。姚：虞舜的姓。姒：夏禹的姓。这里指《尚书》中的《虞书》和《夏书》。

〔5〕周《诰》：指《尚书》中《周书》的《大诰》、《康诰》、《酒诰》、《召诰》、《洛诰》等。殷《盘》：指《尚书》中《商书》的《盘庚》上、中、下三篇。

〔6〕《春秋》：是孔子根据鲁国史记写成的史书。《左氏》：指《左传》，相传是鲁国史官左丘明根据《春秋》写成的一部史书。

〔7〕《易》：《易经》。相传为周人所作，通过八卦的形式推演阴阳变化。《诗》：《诗经》。

〔8〕《庄》：《庄子》。战国时思想家庄周作。《骚》：《离骚》。战国时伟大诗人屈原所作的抒情诗。太史所录：指汉太史令司马迁所作的《史记》。子云：西汉时的辞赋家扬雄，字子云。相如：西汉时的辞赋家司马相如。

〔9〕跋前疐（zhì）后：比喻进退两难。

〔10〕头童齿豁：谓头发掉尽，牙齿脱落。

〔11〕宋（máng）：屋梁。桷（jué）：屋椽。欂栌（bó lú）：即斗拱。侏儒：指梁上的短柱。椳（wēi）：门枢臼。闑（niè）：古代门中央所树短木。店（diàn）：门栓、门闩等。楔（xiē）：门两旁长木柱。

〔12〕玉札：即地榆。丹砂：朱砂。赤箭：即天麻。青芝：又名龙芝。以上都属贵重药物。牛溲：即车前草。马勃：又名马屁菌。败鼓之皮：破鼓上面的皮。以上属于价贱药物。

〔13〕杙（yì）：小木桩。楹：柱。訾（zǐ）：讥评，指责。昌阳：即菖蒲，据说是一种久服可以延年益寿的药物。豨苓（xī líng）：即猪苓，可作利尿逐水剂的药物，无延年益寿之功能。

【译文】

国子先生早上来到太学，召集学生站在学舍之前，教导他们说："学业的精通是靠勤奋，而它的荒废则由于嬉戏；德行的养成是靠了思考，而它的败坏则由于因循苟且。现在圣君有贤臣辅助，法令健全完备，除掉了凶恶奸险之人，提拔了才智贤良之人。有一点优点的人都已录取，以一种技艺见长的人无不任用。搜罗选拔和磨炼造就人才。大概也有平庸之人被选上的，谁能因此说博学多才的人不被举用呢？你们只担心自己学业不能精通，不必担心主管官员选才不明，只担心自己德行未成，不必担心主管官员处事不公。”

话未说完，有人在队列里冷笑说：“先生骗我们呢！我们就学于先生，到现在已经好几年了。先生口不停地吟诵六经的文章，手不停地翻阅百家书籍。阅读记事的史传一定列出提要，研究论理的文章一定搜索深奥宗旨。贪恋博杂的学识，务求有所得，大小都不舍弃。点上灯烛夜以继日，勤学苦读而终年不止。先生治学，真可以说勤奋了。抵制异端邪说，驳斥佛教与道教。补正儒学的缺漏，阐发圣道的精微。寻找那茫无头绪的失传的正道，独自广泛地搜求，远接那先贤的遗教。拦堵百川使归大海，挽住那狂涛巨澜使它复归故道。先生对于弘扬儒学，可真算得上辛苦了。沉湎于意味浓郁的典籍中，体味那书中的精华。写起文章，书稿摆满了屋子。向上学习虞夏之书，深奥无边；《周诰》《盘庚》艰涩难读；《春秋》文辞简约；《左传》记事夸张；《周易》变化奇妙却有定则；《诗经》端正而华美；往下一直到《庄子》《离骚》和《史记》，扬雄和司马相如的同工异曲之辞赋。先生的文章，可以说内容博大而文采狂放雄奇了。少年时知道学习，就勇于实践，成年后通明大义，处事为人无不适宜。先生的为人，可以说老练周全了。然而在为公方面不被人们信任，为私方面得不到朋友的帮助。进退两难，稍一动就惹祸。刚任御史，就获罪被贬于边远的阳山。做了三年国子博士，闲散而没能显示出政绩。用命运与仇敌打交道，败兴倒霉的事随时出现。在暖和的冬天，儿女衣单都喊冷，在丰收的年份，妻子啼哭喊饿。头秃齿落，直到老死，难有什么补益改善的。你不知考虑这些，反而却以此去教导别人吗？”

先生说：“吁，你到前面来！大木料做梁，细小的木料做椽，做那梁上的斗拱、短柱，做那门枢、门框、门闩及门前的竖木等，各自得到恰当的使用，用来建成整个房子，这是工匠的高明技巧。贵重的地榆、朱砂、天麻、青芝，粗贱的车前草、马屁菌、破鼓皮，都收存了，以备用时没有遗缺，这正是医生的精明。选才贤明，用人公正，巧拙之人，各都选用，为人处事周备而有涵养乃是佳士，旷达刚直是俊杰，比较长短，各样人才作出恰当安排，这是宰相应具备的用人原则。从前孟轲能言善辩，儒学因此得以阐明，他周游列国，车辙遍布天下，在奔波中度过了一生。荀况信守儒学正道，把儒学发扬光大，他逃避谗言到了楚国，丢了官职，老死在兰陵。这两位大儒士，言论成为经典，行为成为楷模，他们超越了一般儒士，升达圣人的境界。可是他们在世上的遭遇又怎样呢？现今我学业虽然勤奋，却不能一切都遵循儒家的道统，言论虽多却不得要领，文章虽奇巧华丽，却不切实用，品行虽有一定修养，却未超凡出众。尚且每月领取俸钱，年年耗费禄米。儿子不会种田，妻子不会织布。骑着马带了随从，安坐家中，不劳而食。拘谨地走着寻常之路，翻阅古书抄袭前人文章。然而圣明的君主不加责罚，宰相不予斥逐，这不是我的幸运吗？稍有行动就遭到诽谤，名声随之败坏，安置在闲散的位子上，是理所应当的。至于考虑利禄的有无，计较官职的高低，忘掉了自己的能力和地位相称，喜欢挑出高于自己者的毛病，这就是所谓指责工匠不用小木橛去做屋柱，批评医师用菖蒲做长寿药，却想推荐他的利尿的豨苓呀！”

柳子厚墓志铭

韩　愈

【题解】

韩愈和柳宗元同为中唐古文运动的倡导者，两人交谊深厚。柳宗元于元和十四年（819）冬去世后，韩愈写了几篇哀悼纪念文章，此为其中之一。本文除概述柳宗元的家世和生平事迹外，着重论述了他的人品政绩和文学成就。文中充分肯定其才华、积极从政的态度和在柳州的政绩，深切同情其“材不为世用，道不行于时”的遭际，极力称赞其高尚品德，特别是对其“文学辞章”的成就予以高度评价。但由于政治见解的不同，作者对柳宗元早年参加王叔文倡导的政治改革活动颇有微词，认为是“不自贵重顾藉”，这种批评是不恰当的。墓志铭，埋入墓穴中的石刻文字，是古代的一种文体。一般包括两部分：“志”记述死者的姓氏、家世、经历、卒葬年月及子孙等；“铭”是用韵语写的赞颂之辞。

【原文】

子厚，讳宗元。七世祖庆，为拓跋魏侍中，封济阴公〔1〕。曾伯祖奭，为唐宰相，与褚遂良、韩瑗，俱得罪武后，死高宗朝〔2〕。皇考讳镇，以事母弃太常博士，求为县令江南〔3〕。其后以不能媚权贵，失御史；权贵人死，乃复拜侍御史。号为刚直，所与游，皆当世名人。

子厚少精敏，无不通达。逮其父时，虽少年，已自成人，能取进士第，崭然见头角，众谓柳氏有子矣。其后以博学宏词，授集贤殿正字[4]。俊杰廉悍，议论证据今古，出入经史百子，踔厉风发，率常屈其座人，名声大振，一时皆慕与之交。诸公要人争欲令出我门下，交口荐誉之。

贞元十九年，由蓝田尉拜监察御史[5]。顺宗即位，拜礼部员外郎。遇用事者得罪，例出为刺史[6]。未至，又例贬州司马[7]。居闲益自刻苦，务记览，为词章泛滥停蓄，为深博无涯涘，而自肆于山水间。

元和中，尝例召至京师，又偕出为刺史，而子厚得柳州[8]。既至，叹曰："是岂不足为政邪？"[9]因其土俗，为设教禁，州人顺赖。其俗以男女质钱，约不时赎，子本相侔，则没为奴婢。子厚与设方计，悉令赎归。其尤贫力不能者，令书其佣，足相当，则使归其质。观察使下其法于他州，比一岁，免而归者且千人。衡湘以南，为进士者，皆以子厚为师。其经承子厚口讲指画为文词者，悉有法度可观。

其召至京师而复为刺史也，中山刘梦得禹锡亦在遣中，当诣播州[10]。子厚泣曰："播州非人所居，而梦得亲在堂，吾不忍梦得之穷，无辞以白其大夫，且万无母子俱往理。"请于朝，将拜疏，愿以柳易播，虽重得罪，死不恨。遇有以梦得事白上者，梦得于是改刺连州[11]。呜呼！士穷乃见节义。今夫平居里巷相慕悦，酒食游戏相征逐，诩诩强笑语以相取下，握手出肺肝相示，指天日涕泣，誓生死不相背负，真若可信。一旦临小利害，仅如毛发比，反眼若不相识，落陷阱，不一引手救，反挤之，又下石焉者，皆是也。此宜禽兽夷狄所不忍为，而其人自视以为得计。闻子厚之风，亦可以少愧矣。

子厚前时少年，勇于为人，不自贵重顾藉，谓功业可立就，故坐废退。既退，又无相知有气力得位者推挽，故卒死于穷裔，材不为世用，道不行于时也。使子厚在台省时，自持其身，已能如司马、刺史时，亦自不斥。斥时有人力能举之，且必复用不穷。然子厚斥不久，穷不极，虽有出于人，其文学辞章，必不能自力以致必传于后如今，无疑也。虽使子厚得所愿，为将相于一时，以彼易此，孰得孰失，必有能辨之者。

子厚以元和十四年十一月八日卒，年四十七。以十五年七月十日，归葬万年先人墓侧。子厚有子男二人：长曰周六，始四岁；季曰周七，子厚卒乃生。女子二人，皆幼。其得归葬也，费皆出观察使河东裴君行立〔12〕。行立有节概，重然诺，与子厚结交，子厚亦为之尽，竟赖其力。葬子厚于万年之墓者，舅弟卢遵。遵，涿人，性谨顺，学问不厌。自子厚之斥，遵从而家焉，逮其死不去。既往葬子厚，又将经纪其家，庶几有始终者。

铭曰：是惟子厚之室，既固既安，以利其嗣人。

【注释】

〔1〕“七世祖庆”句：按柳庆曾任北魏侍中，入北周。他的儿子柳旦为北周中书侍郎，被封为济阴公，并非柳庆封济阴公。拓跋魏：指南北朝时的北魏。鲜卑族，姓拓跋，故称“拓跋魏”。侍中：官名，秦置，是宰相的属员。魏晋以后相当于宰相。

〔2〕曾伯祖奭（shì）：柳奭，字子燕，唐中书令。武后时，为许敬宗、李义府等诬陷，被杀。按柳奭是柳宗元的高伯祖。褚遂良：字登善，唐钱塘（浙江杭州）人。官至尚书右仆射。因劝阻唐高宗立武则天为皇后，被贬斥，忧愤而死。韩瑗：字伯玉，京兆三原人。官至侍中，因救褚遂良遭贬。武后：名曌（zhào），唐高宗的皇后。高宗死后，曾自称帝，并改国号为“周”，在位十六年。中宗复位后，上尊号为则天大圣皇帝。

〔3〕皇考：旧时儿子对已死父亲的尊称。镇：柳宗元的父亲。太常博士：太

常寺的属官，掌管礼仪祭祀和议定王公大臣的谥号。

〔4〕博学宏词：唐代科举制度中的一种，由吏部在进士中考选博学能文之士，录取后就授予官职。贞元十二年，柳宗元考中博学宏词科。集贤殿：集贤殿书院的省称。正字：官名。掌校勘图书、刊正文字的工作。

〔5〕蓝田：县名。今属陕西省。尉：官名。县官的助手，掌管全县的治安。监察御史：官名。属御史台的察院，掌监察百官、巡按州县、视察刑狱和纠正朝仪等职务。

〔6〕用事者：谓当权者，指王叔文。

〔7〕永州：唐时州名，治所在今湖南零陵。司马：刺史的属官。

〔8〕元和：唐宪宗年号。柳州：唐时州名，治所在今广西柳州。

〔9〕是：这里，指柳州。

〔10〕中山：古郡名，在今河北唐县、定县一带。刘梦得：名禹锡，唐东都洛阳人。德宗贞元年间进士，官至太子宾客、加检校礼部尚书。世称“刘宾客”。是著名的文学家、哲学家。著有《刘梦得文集》。播州：唐置州名。今贵州遵义。

〔11〕连州：治所在今广东连县。

〔12〕河东：郡名，治所在今山西永济市蒲州镇。裴君行立：裴行立，唐绛州稷山人。当时任桂管观察使。

【译文】

子厚，名宗元。他的七世祖柳庆，担任过北魏的侍中，封为济阴公。曾伯祖柳奭，做过唐朝的宰相，与褚遂良、韩瑗都因为得罪了武则天，在唐高宗时被害。父亲柳镇，因为要侍养他的母亲，放弃了太常博士的职务，请求到江南去做县令。此后因不能谄媚权贵，丢掉了御史之职。权贵之人死了，才又被任命为侍御史。他刚毅正直是有名的，同他交往的，都是当时的知名人士。

子厚小的时候就精明敏捷，学业事理没有不明白通晓的。当他父亲在世的时候，他虽然很年轻，却已独立成才，能够考中进士，突出的显露了才华，大家都说柳家有个好儿子。这以后又通过了博学宏词科考试，被任命为集贤殿正字。他才能出众，正直勇敢，发表议论时引古证今，运用经史和诸子百家的观点，见识高超，精神奋发，常使在座的人心悦诚服，由此名声大振，当时的人都敬慕他，同他交往。那些达官要人，争着要他做自己的门生，异口同声地推荐并赞誉他。

贞元十九年，他由蓝田县尉升任监察御史。顺宗继位后，改任礼部员外郎。碰上当权的出了事而受到牵连，照例被贬出去做刺史。还未到任，又被贬为永州司马。处于闲职，他便更加刻苦地读书写作，写的诗文，如汪洋泛滥，湖海蓄存，是那样深广而无拘无束，而自己则纵情于山水之间。

元和年间，他和同时被贬的人依例被召到京城，又一起被派到外地做刺史。子厚被派到柳州。到任以后，他叹息说："这里难道不能够得到很好的治理吗？"于是依据当地的风俗，为他们制定了教令与禁令，柳州的人民都顺从、信赖他。那里有个风俗习惯，常以人质抵押来借钱，约定期限不能按时赎还，只要利息和本钱相等，就将所抵押的人口充当奴婢。子厚给他想了个办法，让他们都把人质赎了回家。那些特别贫穷无力办到的，就责令债主记下被抵押为奴的人的工钱，等到工钱与借款相等了，就让债主归还人质。观察使将他的这个办法推广到其他州，过了一年，免为奴婢而回到家的将近千人。衡山、湘水以南打算考进士的，都拜子厚作老师。那些经过子厚当面讲授指点的，作文的章法都符合规范，值得观赏。

他被召到京都又被派出去做刺史时，中山人刘梦得名叫禹锡的也在被派人员之中，该去播州。子厚流着泪说："播州不是人住的地方，而梦得家中又有老母亲，我不忍心看到梦得这样困窘，使他没有恰当的话去安慰母亲，而且也万万没有母子一块被贬到荒远之地去的道理。"他准备向朝廷请求，并且准备向天子上奏，情愿用柳州刺史之职去换播州刺史之职，纵使再次获罪，也死而无怨。刚巧遇上有人将梦得的情况奏明朝廷，梦得因此被改任连州刺史。唉！人在困境中才表现出高尚的节操和道义。现今，有些人平时居住在里巷的时候，彼此爱慕喜悦，吃唱玩乐争着互相邀请，讨好假笑装出谦和的样子，握手言欢倾吐肺腑之言，指着苍天白日落泪，发誓无论生死都不做对不起对方的事，真好像可以信赖。然而，一旦碰到极小的利害，不过像毛发那样，也会立即翻脸，像不认识似的；朋友掉到陷阱里，不仅不伸手去援救，反而趁势挤他，甚至落井下石，这种人到处都有啊！这种事连禽兽及野蛮人都不忍心去做，而那种人却自以为做得很对。他们听到子厚的品德作为，也应该稍微有一点羞愧吧！

子厚以前年轻时，勇于帮助别人，不晓得保重和爱惜自己，认为功业可以很快取得成就，因而受连累遭贬斥。贬斥以后，又没有一个知己并有权力、有地位的人加以推荐提拔，所以终于死在荒远的边地，才能不被当世所用，理想不能在当时实现。假使子厚在当御史、员外郎的时候，严格约束自己，能够像后来做司马、刺史时候那样，也就自然不会遭到贬斥。遭到贬斥之后，如果能有个有力的人保举他，将必然会被不断擢用。然而，子厚如果被贬斥的时间不长，困穷不到极点，虽然会出人头地，但他的文章学识、诗辞歌赋，一定不能像现在这样通过自己刻苦努力达到必定流传于后世的境地，这是毫无疑义的。虽然使子厚实现了自己的愿望，在一个时期内担任将相要职，拿文学上的成就来换取功名富贵，哪个合算，哪个失算，必定有能分清它的。

子厚于元和十四年十一月初八日去世，终年四十七岁。于元和十五年七月十日，安葬在万年县祖坟旁边。子厚有两个儿子，大的叫周六，刚四岁，小的叫周七，子厚去世后才出生。两个女儿，都还很小。他得以回乡安葬，费用都是由观察使河东裴行立君出的。裴行立有气节，重信义，与子厚结交，子厚也为他尽过心力，终究是依靠了他的力量。将子厚安葬在万年县墓地的人，是其表弟卢遵。卢遵是涿州人，生性谨慎，学习从来不知厌倦。从子厚被贬斥时起，卢遵就跟他住在一起，直到他死去也不离开。既前去安葬了子厚，又打算料理好他的家事，可算是个有始有终的人。

铭文是：这是子厚的墓室，既牢固，又安静，必定会有利于他的后代。

捕蛇者说

柳宗元

柳宗元

【题解】

柳宗元（773—819），河东解县（今山西运城西南）人，字子厚，世称柳河东；因其做过柳州刺史，故又称柳柳州。唐代文学家、哲学家，与韩愈倡导古文运动，并称“韩柳”，同列“唐宋八大家”。其散文说理透彻，结构谨严。

说是古代就事论理的一种文体。本文是柳宗元被贬永州之后写的。文中通过三代以捕蛇为业的蒋氏一家及其乡邻的悲惨遭遇，揭露了当时民不聊生的残酷现实，指出苛政赋敛比毒蛇猛兽更毒，说明了革除弊政、减轻赋役的必要，表达了对劳动人民的同情。文章组织严密，对比反衬运用出色，风格朴实深沉，有较强的感染力。

【原文】

永州之野产异蛇，黑质而白章，触草木，尽死，以啮人，无御之者[1]。然得而腊之以为饵，可以已大风、挛踠、瘘、疠，去死肌，杀三虫[2]。其始，太医以王命聚之，岁赋其二[3]。募有能捕之者，当其租入。永之人争奔走焉。

有蒋氏者，专其利三世矣。问之，则曰："吾祖死于是，吾父死于是，今吾嗣为之十二年，几死者数矣。"言之，貌若甚戚者。余悲之，且曰："若毒之乎？余将告于莅事者，更若役，复若赋，则何如[4]？"

蒋氏大戚，汪然出涕曰："君将哀而生之乎？则吾斯役之不幸，未若复吾赋不幸之甚也！向吾不为斯役，则久已病矣。自吾氏三世居是乡，积于今六十岁矣，而乡邻之生日蹙。殚其地之出，竭其庐之入，号呼而转徙，饥渴而顿踣，触风雨，犯寒暑，呼嘘毒疠，往往而死者相藉也[5]。曩与吾祖居者，今其室十无一焉[6]；与吾父居者，今其室十无二三焉；与吾居十二年者，今其室十无四五焉。非死则徙尔，而吾以捕蛇独存。悍吏之来吾乡，叫嚣乎东西，隳突乎南北，哗然而骇者，虽鸡狗不得宁焉。吾恂恂而起，视其缶，而吾蛇尚存，则弛然而卧[7]。谨食之，时而献焉。退而甘食其土之有，以尽吾齿[8]。盖一岁之犯死者二焉。其余则熙熙而乐，岂若吾乡邻之旦旦有是哉？今虽死乎此，比吾乡邻之死，则已后矣，又安敢毒邪？"

余闻而愈悲。孔子曰："苛政猛于虎也！"[9]吾尝疑乎是。今以蒋氏观之，犹信。呜呼！孰知赋敛之毒有甚是蛇者乎？故为之说，以俟夫观人风者得焉[10]。

【注释】

〔1〕永州：治所在今湖南零陵。

〔2〕三虫：说法不一，这里泛指人体内的寄生虫。

〔3〕太医：皇宫里的医师，掌管医药的政令。

〔4〕莅（lì）：临，管理。

〔5〕相藉：相互叠压。

〔6〕曩（nǎng）：从前，以往。

〔7〕缶：口小腹大的瓦罐。

〔8〕齿：这里指年龄。

〔9〕苛政猛于虎：见《礼记·檀弓》。

〔10〕人风：即民风，民情风俗。唐朝人为了避唐太宗李世民讳，凡写到民字的，改为“人”。

【译文】

永州的野外滋生着一种异蛇，通体黑色但长有白色的花纹。草木碰到它便会死去；它如咬人一口，无药可医。但是把它捉来杀死，挂起风干，做成药饵，可以治疗风病、脚弯曲、肿疡、恶疮，去除坏死的肌肉，杀死人体的寄生虫。起初太医官以皇上的命令来收购，每年向朝廷进贡两次，征募能捕蛇的人，可以代替其税赋收入，于是永州的人争相奔走去捕捉了！

有蒋姓人家专门从事这个事情已经三代了，问他，则说：“我的祖父死于捕蛇，我的父亲也死于蛇口，我至今继承此业已十二年了，有几次险些丧命。”他说话的时候面色很是悲戚。我听了很伤心，很可怜他，就对他说：“如果你怨恨捕蛇这件事，我将去告诉地方官，更换你捕蛇的差事，恢复你原来的赋税，你认为如何？”

听了我的话，蒋氏大为悲伤，泪眼汪汪地说：“您是可怜我而要救我么？那么我捕蛇这差事的不幸，远远不如让我纳赋税的不幸厉害。假如我不干这差事，我早已穷困不堪了！我蒋氏三代居住在这个地方，到现在已六十多年了。而我的乡邻的生计日益困苦，其土地的出产，以及家中全部收入都被搜刮一空，呼喊叫苦，转徙迁出，饥渴交迫，颠扑流离，风吹雨淋，冒着寒暑，呼吸着瘴毒之气，他们往往因此而死去，尸体相枕于道。过去与我祖父居住在一起的邻居，如今十家之中只剩下一家了；与我父亲同住一起的邻居，如今十家之中只有二三家了；和我十二年来同居住的邻居，如今十家之中只有四五家了。他们不是死了就是搬走了，只有我因捕蛇还住在这里。凶狠的官吏差役来到我乡，东西呼喊叫嚣，南北冲突骚扰，喧哗吵嚷，使人提心吊胆，闹得鸡犬不宁。我担心着起来，看那装蛇的罐子，我捕的蛇还活着，便安然放心去睡觉。平时小心地喂养蛇，到时供献给官府。回来后舒舒服服享用土地上的出产，以尽我的天年。大约一年之中，只有两次冒着死的危险去捕蛇，其余的时间，则快快乐乐地过日子。哪里像我的邻居，天天都要受穷苦的煎熬呢。现在就是死于蛇口，比起乡间已死的邻居来，也已经晚得多了，又怎么敢有怨言呢？”

我听了蒋氏的话，更觉得悲伤。孔子说：“苛刻的政令比老虎还厉害。”我以前常怀疑这句话。现在从蒋氏的遭遇看，才相信了。唉！哪里知道苛捐杂税的残酷，比这种毒蛇还要毒。所以写了“捕蛇者说”这篇文章，以待那观察民情疾苦风俗的人，作为一个参考吧。

种树郭橐驼传

柳宗元

【题解】

这是一篇寓言体的政论性散文。作者通过描述郭橐驼栽培、管理树木的方法，阐明自己的政治主张，即做官治民也应顺乎自然，减少繁杂的政令滋扰，这样老百姓才能安居生息。文章层次井然，对比生动，特别是论种树的一段话富含哲理，耐人深思。

【原文】

郭橐驼，不知始何名。病偻，隆然伏行，有类橐驼者，故乡人号之“驼”。驼闻之曰：“甚善，名我固当。”因舍其名，亦自谓“橐驼”云。

其乡曰丰乐乡，在长安西[1]。驼业种树，凡长安豪家富人为观游及卖果者，皆争迎取养。视驼所种树，或迁徙，无不活，且硕茂，蚤实以蕃[2]。他植者，虽窥伺效慕，莫能如也。有问之，对曰：“橐驼非能使木寿且孳也，能顺木之天，以致其性焉尔。凡植木之性，其本欲舒，其培欲平，其土欲故，其筑欲密。既然已，勿动勿虑，去不复顾。其莳也若子，其置也若弃，则其天者全，而其性得矣[3]。故吾不害其长而已，非有能硕茂之也；不抑耗其实而已，非有能蚤而蕃之也。他植者则不然，根拳而土易，其培之也，若不过焉则不及。苟有能反是者，则又爱之太殷，忧之太勤，旦视而暮抚，已去而复顾。甚者爪其肤以验其生枯，摇其本以观其疏密，而木之性日以离矣。虽曰爱之，其实害之；虽曰忧之，其实仇之。故不我若也。吾又何能为哉？”

问者曰：“以子之道，移之官理可乎？”驼曰：“我知种树而已，官理，非吾业也。然吾居乡，见长人者，好烦其令，若甚怜焉，而卒以祸[4]。旦暮吏来而呼曰：‘官命促尔耕，勖尔植，督尔获，蚤缫而绪，蚤织而缕，字而幼孩，遂而鸡豚[5]。’鸣鼓而聚之，击木而召之。吾小人辍飧饔以劳吏者，且不得暇，又何以蕃吾生而安吾性邪[6]？故病且怠。若是，则与吾业者，其亦有类乎？”

问者嘻曰：“不亦善夫！吾问养树，得养人术。”传其事以为官戒也[7]。

【注释】

〔1〕长安：现在的陕西西安市。

〔2〕蚤：通“早”。

〔3〕莳（shì）：栽植或移植。

〔4〕长人者：指官吏。长（zhǎng），官长。人，民，百姓。

〔5〕尔：你们。字：养育。豚（tún）：小猪。

〔6〕辍（chuò）：中止。飧（sūn）：晚饭。饔（yōng）：早饭。

〔7〕传（zhuàn）：记载。

【译文】

郭橐驼这个人，不知原来叫什么名字。因为患了佝偻病，背上突起，走路时低头弯腰，像驼背一样，所以乡间人叫他郭橐驼。他听了说：“好吧，这样叫很合适。”于是舍去了原来的姓名，也自称其橐驼来。

其居住的地方叫丰乐乡，在都城长安之西。驼以种树为业，凡是长安豪门富室以树木为观赏的，以及卖水果为营生的，都争着迎他来奉养。驼栽种的树木，移植到别的地方，没有不成活的，而且枝繁叶茂，早生果实，果子结得又大又多。别的种树人，虽然窥伺着百般仿效他，但没有能比得来的。有人去问他的诀窍，他回答说：“橐驼并不是能使树木常活而且繁茂，只不过顺应树木自然的习性罢了。凡种植树木的方法是：树之根要松舒，对其的培养要平缓，树底及周围的泥土要陈旧，对土要捣得密实。树既种好，就不要再动，也不必考虑它，走时不要再回顾。种时好像交给了土地，植在那里就像抛弃了一样，顺其自然，适应其本来的习性，所以我从不去妨害它的生长发育，不过如此，并非是我能使它高大繁茂起来。不抑制损毁它的果实，并非是我能使它早结果多结果。别的种树人却不是这样，使树根卷曲，不培旧土。培育树不是太过分，就是很不够。即使有不是这样做的人，却因爱护过度，忧虑过分，早晨看晚上摸，走时又不放心，转回来又看几次。更有性急的人，竟剥下一块块树皮来看它的生死，用力捣动树干看它枝叶的疏密，这样树木的本性一天天被背离了，虽说是爱它，其实是害它；虽说是忧虑它，其实是仇视它。所以他们都比不上我，我哪里又有什么能力作为呢？”

问他的人说：“以你种树的道理，转移到官府的行政治理上，可以吗？”郭橐驼说：“我只知道种树，官府政治不是我的生业。但我居住在乡间，见官吏喜欢发布烦琐的政令，好像是怜惜百姓似的，但到底祸害了百姓。早晚官吏来呼喊道：‘长官命令你耕田，勉励你种庄稼，督促你收获，早些缫丝，早些织布，养育你的幼孩，喂你的鸡和猪。’鸣鼓聚集他们，敲着木梆子召集他们，我们小民顾不得吃早晚饭，忙着接待这些官吏，不得闲暇，又怎样去治家立业，安身立命呢？所以才患病疲惫不堪。如此这样，就和我种树的道理有些相似呢！”

问的人笑着说：“这不就很好么？我问养植树木的方法，而知道了养育人的道理。”现在记载传布这事，以使做官的作为警戒。

岳阳楼记

范仲淹

【题解】

范仲淹（989—1052），吴县（今江苏省苏州）人。北宋政治家、文学家。字希文。大中祥符进士。少时贫困力学，出仕后有敢言之名。工于诗词散文，有《范文正公集》。

《岳阳楼记》作于庆历六年，是古今传诵的名文。文章分叙事、写景、议论三部分。作者在略叙作文缘由后，用浓墨重彩，出色地描述了在岳阳楼上所能见到的景物。通过不同景物与不同思想感情的对比描写，借“古仁人”的形象，抒发了作者“先天下之忧而忧，后天下之乐而乐”的心胸与抱负，这种人生理想对后世有志之士有永久的鞭策和鼓舞作用。

【原文】

庆历四年春，滕子京谪守巴陵郡[1]。越明年，政通人和，百废俱兴[2]。乃重修岳阳楼，增其旧制，刻唐贤、今人诗赋于其上，属予作文以记之[3]。

予观夫巴陵胜状，在洞庭一湖[4]。衔远山，吞长江，浩浩汤汤，横无际涯。朝晖夕阴，气象万千。此则岳阳楼之大观也，前人之述备矣。然则北通巫峡，南极潇、湘，迁客骚人，多会于此；览物之情，得无异乎？

若夫霪雨霏霏，连月不开；阴风怒号，浊浪排空；日星隐曜，山岳潜形；商旅不行，樯倾楫摧；薄暮冥冥，虎啸猿啼。登斯楼也，则有去国怀乡，忧谗畏讥，满目萧然，感极而悲者矣。

至若春和景明，波澜不惊；上下天光，一碧万顷；沙鸥翔集，锦鳞游泳；岸芷汀兰，郁郁青青。而或长烟一空，皓月千里；浮光耀金，静影沉璧；渔歌互答，此乐何极！登斯楼也，则有心旷神怡，宠辱皆忘。把酒临风，其喜洋洋者矣。

嗟夫！予尝求古仁人之心，或异二者之为。何哉？不以物喜，不以己悲。居庙堂之高，则忧其民；处江湖之远，则忧其君〔5〕。是进亦忧，退亦忧。然则何时而乐耶？其必曰“先天下之忧而忧，后天下之乐而乐”矣！噫！微斯人，吾谁与归？

【注释】

〔1〕庆历：宋仁宗年号（1041—1048）。滕子京：名宗谅，河南人，与范仲淹同年进士，被人诬陷，贬官到巴陵郡（湖南岳阳）。

〔2〕具：同“俱”，全。

〔3〕属：通“嘱”，嘱托。

〔4〕洞庭：即洞庭湖。在湖南省北部，岳阳市西。

〔5〕庙堂：宗庙和明堂。这里是指朝廷。江湖：这里是指贬谪在京城做闲官或在野不做官。

【译文】

仁宗庆历四年的春天，滕子京被贬官做巴陵郡守。隔了一年，政治清明通达，人民安居和顺，过去一切废弃的事情，都重新兴起。于是重修岳阳楼，增加过去旧的规模，刻制唐代贤人和现在人的诗赋在楼上，嘱咐我作一篇文章来记述这件事。

以我看来，巴陵郡的胜景，全在洞庭湖上：衔接远山，吞没长江，流水浩浩荡荡，一望无际，早晨的光辉和晚上的美景，有万千的气象，这就是岳阳楼的大景观，前人的叙述已经很详尽了。然而这里北面通到巫峡，南面极尽潇湘一带，被降职的官吏、诗人墨客，多到这里来聚会，观览景物的心情，难道没有不相同的吗？

范仲淹

当那久雨霏霏落下，一连几个月不断。阴冷的风狂吹怒叫，污浊的水浪横在空中；日月星辰隐没了光辉，山岳潜藏起形迹；商人旅客不能外出，船上的桅杆倾倒、橹桨损坏；傍晚时天色一片昏暗，耳听得老虎啸叫，猿声悲啼。这时登上岳阳楼，则有远离都城，怀念故乡，忧虑别人诽谤，害怕众人嘲讽的种种思绪，满目凄凉，感慨到了极点，心中无限悲伤起来了。

至于那春风清和，春景明媚，湖中波平浪静，上下天光明亮，万顷湖面一片碧绿。沙鸥飞翔聚集，锦色的鱼儿在水中游泳，岸上的芷草、汀洲的兰花，显得郁郁青青。有时长烟横在空中，明月照耀千里，湖面波光闪耀，像金子一样发光，有时月亮在平静湖水中的影子像一轮沉入水中的玉璧，湖上渔人对歌，你问我答，这样快乐的情景，怎么会有穷尽呢？此时登上岳阳楼，则心旷神怡，心情舒畅，人生的荣华富贵、失意受辱都忘掉了。对着美景把酒痛饮，觉得其乐无穷，喜气洋洋了。

唉呀！我曾探求过古时仁人的心境，或者有和这些人的行为两样的，为什么呢？他们不因为外物和个人的得失而欢喜或悲伤。在朝廷上做高官，则忧虑人民；处在江湖远方，就担心君王。他进也忧虑，退也忧愁，那么什么时候才快乐呢？古仁人必定说：“先于天下人的忧去忧，晚于天下人的乐去乐吧！”唉！不是这种人，我与谁一道归去呢！

醉翁亭记

欧阳修

【题解】

欧阳修（1007—1072），北宋文学家、史学家。字永叔，号醉翁、六一居士，吉州吉水（今属江西）人。北宋古文运动领袖。散文说理畅达，抒情委婉，为“唐宋八大家”之一。

本文是欧阳修被贬为滁州太守后写的一篇近于赋体的山水游记。作者以精练、生动的语言，描述了自己与游客在醉翁亭中开怀畅饮的欢快情景以及亭外变化多姿的自然风光，表达了“与民同乐”的思想情怀。

【原文】

环滁皆山也。其西南诸峰，林壑尤美。望之蔚然而深秀者，琅琊也[1]。山行六七里，渐闻水声潺潺，而泻出于两峰之间者，酿泉也。峰回路转，有亭翼然临于泉上者，醉翁亭也。作亭者谁？山之僧智仙也。名之者谁？太守自谓也。太守与客来饮于此，饮少辄醉，而年又最高，故自号曰醉翁也[2]。醉翁之意不在酒，在乎山水之间也。山水之乐，得之心而寓之酒也。

若夫日出而林霏开，云归而岩穴暝，晦明变化者，山间之朝暮也。野芳发而幽香，佳木秀而繁阴，风霜高洁，水落而石出者，山间之四时也。朝而往，暮而归，四时之景不同，而乐亦无穷也。

至于负者歌于途，行者休于树，前者呼，后者应，伛偻提携，往来而不绝者，滁人游也。临溪而渔，溪深而鱼肥；酿泉为酒，泉香而酒洌；山肴野蔌，杂然而前陈者，太守宴也。宴酣之乐，非丝非竹，射者中，弈者胜，觥筹交错，坐起而喧哗者，众宾欢也。苍颜白发，颓乎其中者，太守醉也。

已而夕阳在山，人影散乱，太守归而宾客从也。树林阴翳，鸣声上下，游人去而禽鸟乐也。然而禽鸟知山林之乐，而不知人之乐；人知从太守游而乐，而不知太守之乐其乐也。醉能同其乐，醒能述以文者，太守也。太守谓谁？庐陵欧阳修也[3]。

【注释】

〔1〕琅琊：山名，在今安徽滁州西南十里，相传东晋琅琊王司马睿曾避难于此，故名。

〔2〕醉翁：欧阳修别号，其《题滁州醉翁亭》诗说："四十未老，醉翁偶题篇，醉万物，岂复记吾年。"在《赠沈遵》中又说："我年四十犹强力，自号醉翁聊戏客。"反映了他遭贬来到滁州后的愤懑心情。

〔3〕庐陵：郡名，东汉置，宋改名吉州（江西吉水）。欧阳修先代为庐陵大族，故自称如此。

【译文】

滁州城的四面被山环绕着。城西南的许多山峰，树林壑谷尤其美丽。远远望去草木茂盛而深秀的地方，是琅琊山。沿着山路行走六七

欧阳修

里，渐渐听到水声潺潺，从两个山峰之间泻出水流，即是酿泉。山峰回环，山路随着旋转，有一个亭子像鸟儿张开的翅膀一样，建在泉水之上的，这就是醉翁亭。修造亭子的是谁？山中的和尚智仙。为亭子命名的是谁？太守自己。太守与众宾客来此地设宴饮酒，往往喝了少量的酒就醉了，而太守的年纪又最大，所以自己称为醉翁。醉翁的本意并不在酒，在于山水的中间。游山玩水的快乐，在心灵里得到感受，而寄寓于饮酒之中。

如果太阳升起，林中的雾气散开；白云飘浮，山里的幽谷和岩洞便黑暗了，阴暗与明亮交替变化，这便是山间的晚上和早晨。野花开放，发出阵阵幽香；佳木深秀，枝叶繁盛而有庇荫；风高而霜洁净；泉水落下而岩石现出，这是山间四时的景色。早晨出游，夜晚回家，春夏秋冬四时的景致不同，因而乐趣也是无穷尽的。

至于背负东西的人在路上边走边唱歌，行路的人在树下休息，前面的人呼喊，后面的人答应。老年人弯着腰走，小孩由大人搀扶着，来来往往不绝的，是滁人在游乐。面临着溪水钓鱼，溪水幽深而鱼儿肥大；以酿泉的水造酒，泉水清香而酒味清醇；以山里出产的野兽、蔬菜作成菜肴，夹杂在桌上陈列，是太守设的宴席。酒宴酣畅时做游戏，不弹奏琴瑟，不吹奏箫笛，而是玩投壶戏，有人把箭投进了壶中；下起围棋，有人取胜；行起酒令，酒杯酒筹交错。有人坐着，有人立起，一片喧哗声，这是众宾客在欢喜作乐。容颜苍老、满头白发，倒伏在中间，这是太守吃酒醉了。

不久夕阳快要落山，人的影子凌乱四散，太守归去而宾客相从。树林阴暗隐蔽，鸟儿上上下下鸣叫，游人已离去而禽鸟快乐。然而禽鸟只知道山林中的快乐，而不知道人的快乐；滁人只知道跟着太守游玩的快乐，而不知道太守快乐在滁人的快乐之中。醉酒时能和大家一起快乐，酒醒时能做文章记述此事的，是太守。太守是谁？就是江西庐陵的欧阳修。

秋　声　赋

欧阳修

【题解】

肃杀的秋景，常常是昔日的文人借以抒写感伤、惆怅心情的题材，《秋声赋》正是这一类作品的代表作。作者把秋色写得可见可闻，由秋风的来临，联想到万物的凋零，继而联想到人生的易老，抒发出对于世事艰难、人生道路坎坷的感慨。本文写景、抒情、叙事、议论浑然一体，在句法上，整齐而富于变化，参差而不散乱，并善用独白来表达思想感情的波折与自我解脱，体现了散文赋的重要特点。

【原文】

欧阳子方夜读书，闻有声自西南来者，悚然而听之，曰："异哉！"初淅沥以潇飒，忽奔腾而砰湃，如波涛夜惊，风雨骤至。其触于物也，鏦鏦铮铮，金铁皆鸣；又如赴敌之兵，衔枚疾走，不闻号令，但闻人马之行声。予谓童子："此何声也？汝出视之。"童子曰："星月皎洁，明河在天，四无人声，声在树间。"

予曰："噫嘻悲哉！此秋声也，胡为乎来哉？盖夫秋之为状也，其色惨淡，烟霏云敛；其容清明，天高日晶；其气栗冽，砭人肌骨；其意萧条，山川寂寥。故其为声也，凄凄切切，呼号奋发。丰草绿缛而争茂，佳木葱茏而可悦；草拂之而色变，木遭之而叶脱；其所以摧败零落者，乃一气之余烈。

夫秋，刑官也，于时为阴[1]；又兵象也，于行为金[2]；是谓天地之义气，常以肃杀而为心[3]。天之于物，春生秋实。故其在乐也，商声主西方之音，夷则为七月之律[4]。商，伤也，物既老而悲伤；夷，戮也，物过盛而当杀。

嗟夫！草木无情，有时飘零。人为动物，惟物之灵，百忧感其心，万事劳其形，有动于中，必摇其精。而况思其力之所不及，忧其智之所不能，宜其渥然丹者为槁木，黟然黑者为星星。奈何以非金石之质，欲与草木而争荣？念谁为之戕贼，亦何恨乎秋声？”

童子莫对，垂头而睡。但闻四壁虫声唧唧，如助予之叹息。

【注释】

〔1〕刑官：周朝以天、地、春、夏、秋、冬作为官名，秋官大司寇，掌管刑法。古人又以春夏为阳，秋冬为阴。春为阳中，万物以生；秋为阴中，万物以成。

〔2〕兵象：古代征伐多在秋季，故秋为兵象。古人以金、木、水、火、土五行分属四季，秋季属金。

〔3〕义气：《礼记·乡饮酒义》：“天地严凝之气，始于西南，而盛于西北，此天地之尊严气也，此天地之义气也。”《孔疏》：“西南，象秋始。”

〔4〕商声：古人以五声（宫商角徵羽）和四季相配，商为秋声。又以四方（东南西北）和四季相配，秋为西方。夷则：又以十二律（黄钟、大吕、太簇、夹钟、姑洗、仲吕、蕤宾、林钟、夷则、南吕、无射、应钟）和十二月相配，夷则为七月。

【译文】

欧阳子正在夜间读书，只听到有声音从西南方传来，惊恐地去听，说道：“奇怪得很啊！”开始像淅淅沥沥的雨声，萧瑟的风声，忽然如波浪奔腾汹涌，夜间的惊涛骇浪，暴风雨骤然而至。接触在物体之上，发出鏦鏦铮铮的声音，似金铁撞击之声。又好像出发去和敌人打仗的兵士，嘴里衔着竹枚快走，听不到号令，只听得人和马的行走之声。我对书童说道：“这是什么声音？你出去看一看。”书童返回来告诉我：“明月星光皎洁，银河横在天上，四处没有人声，声音是从树木之间发出的。”

我说：“唉呀！可悲哪！这是秋天的声音，为什么来的呢？秋天的形状，它的颜色惨淡，烟气云气收敛；它的容色清明，天高而日光明亮；它的气候阴冷，刺人肌骨；它的意象萧条，山川冷清寂静寥阔。所以它的声音凄凄切切，呼号声奋起。秋天来临的时候，野草繁盛争荣，佳木郁郁葱葱，十分可爱。然而秋风一到，拂过花草，花草的颜色改变；树木遭遇到，树叶便脱落了，其所以摧残败坏零落，因为是秋天气候的余威。

秋天，本是刑官执法的时候，这时候属阴；它的表象是用兵之象，在五行上为金。是所谓的天地肃杀之气，经常以摧残杀死万物为本意。上天对于万物，春天萌生，秋天结出果实。所以在音乐方面，秋天为五音中的商声，是西方的音律，七月的律令是一年十二律令中的夷则之律。商声，是悲伤的意思，万物渐渐老去，接近死亡，使人悲伤；夷，是杀死的意思，万物太多太繁应当杀死一些。

唉！草木无情，不时飘零沦落。人是一种动物，是万物中最灵应的。千百种忧虑感动他的心，万般事务劳累他的形体。凡是能感动他的，必定动摇他的精神。况且还要思念他的力量所办不到的，忧虑他的智力所想不出来的！于是满面红光的容貌，忽然变成了枯木一般，如漆一般光亮的黑发，忽然变得雪白，并非金石质的形体，怎么能与草木争一日之荣？想到是谁来残害，又何必恨那秋天的声音呢？”

童子不能对答，低头便睡着了。只听见四壁秋虫唧唧鸣叫，好像在呼应我的叹息之声。

石钟山记

苏　轼

苏　轼

【题解】

苏轼（1037—1101），北宋文学家、书画家。字子瞻，号东坡居士，眉州眉山（今属四川）人。宋仁宗嘉　年间进士，一生仕途坎坷。其文汪洋恣肆，明白畅达，为“唐宋八大家”之一。

作者由于怀疑世人所传石钟山命名的原因，便亲自探访石钟山，经过实地调查而得出自己的结论。写作此文的目的主要还不在于将石钟山命名的真正原因告之于世，而在于批评“事不目见耳闻，而臆断其有无”的主观作风。虽然有人对苏轼关于石钟山命名原因的结论提出了异议（认为是因山形如覆盖之钟且中空），但文中阐明的道理却是富有启发意义的。石钟山，在今江西湖口。

【原文】

《水经》云：彭蠡之口，有石钟山焉[1]。郦元以为下临深潭，微风鼓浪，水石相搏，声如洪钟[2]。是说也，人常疑之。今以钟磬置水中，虽大风浪不能鸣也，而况石乎？至唐李渤，始访其遗踪，得双石于潭上，扣而聆之，南声函胡，北音清越，枹止响腾，余韵徐歇[3]。自以为得之矣。然是说也，余尤疑之。石之铿然有声者，所在皆是也，而此独以钟名，何哉？

元丰七年六月丁丑，余自齐安舟行适临汝[4]。而长子迈将赴饶之德兴尉，送之至湖口，因得观所谓石钟者[5]。寺僧使小童持斧，于乱石间择其一二扣之，硿硿然，余固笑则不信也。至其夜月明，独与迈乘小舟，至绝壁下。大石侧立千尺，如猛兽奇鬼，森然欲搏人。而山上栖鹘，闻人声亦惊起，磔磔云霄间。又有若老人咳且笑于山谷中者，或曰此鹳鹤也。余方心动欲还，而大声发于水上，噌吰如钟鼓不绝。舟人大恐。徐而察之，则山下皆石穴罅，不知其浅深，微波入焉，涵澹澎湃而为此也。舟回至两山间，将入港口，有大石当中流，可坐百人，空中而多窍，与风水相吞吐，有窾坎镗鞳之声，与向之噌吰者相应，如乐作焉。因笑谓迈曰："汝识之乎？噌吰者，周景王之无射也[6]；窾坎镗鞳者，魏献子之歌钟也[7]。古之人不余欺也！"

事不目见耳闻，而臆断其有无，可乎？郦元之所见闻，殆与余同，而言之不详；士大夫终不肯以小舟夜泊绝壁之下，故莫能知；而渔工水师，虽知而不能言。此世所以不传也。而陋者乃以斧斤考击而求之，自以为得其实。余是以记之，盖叹郦元之简，而笑李渤之陋也。

【注释】

〔1〕《水经》：我国古代专记江河水道的地理书，相传为汉代桑钦或晋代郭璞所著。据清代学者考证，作者约为三国时人，其详已不可知。彭蠡：湖名，即今鄱阳湖。

〔2〕郦元：即郦道元（？—527年），北魏范阳（今河北涿州）人，字善长，曾任御史中尉、关右大使，博览群书，遍游各地，著有《水经注》四十卷，注文二十倍于原书，为我国古代地理学名著之一。

〔3〕李渤：字浚之，唐代洛阳人，宪宗元和年间任江州（江西九江）刺史，通过寻访，作《辩石钟山记》，认为石钟山是因"奇石"而得名。

〔4〕余自齐安舟行适临汝：苏轼于元丰三年（1080）贬官黄州（湖北黄冈）团练使，至七年（1084）奉神宗手札移汝州（河南临汝）。遂从齐安（即黄州）沿江而下，于元丰七年（1084）六月丁丑（初九日），经过湖口。

〔5〕迈：苏轼长子名迈，字伯达，这时将去饶州（江西鄱阳）担任德兴（当时属饶州，今属江西省）县尉。

〔6〕周景王：东周时天子，约公元前544年—公元前520年在位，曾铸钟名"无射"。

〔7〕魏献子：春秋时晋国大夫，名绛，因有功，晋悼公赐给他歌钟（编钟）一套（计十六件）。

【译文】

《水经》上说："彭蠡湖的出口，有一座石钟山。"郦道元给它所作的注释中认为，石钟山的下面是一个很深的水潭，微风吹动湖面掀起波浪，水与石相撞击，发出的声音像大钟一样洪亮。这种说法，人们常常怀疑它。现在把钟磬一类的器物放在水中，即使是大风大浪也不能使它发出声响，更何况是座石山呢！至唐代时，有个叫李渤的人，才探寻到它的遗迹，并在深潭的两边选了两块石头，用鼓槌敲打而仔细地听，结果潭南的石头声音低沉而模糊，潭北的石头声音清亮而激越。鼓槌停止敲击后，石头发出的余音很长时间才停息。他便自认为得到了石钟山得名的原因。但这种说法，我更为怀疑，敲打石头发出的铿锵之声，到哪个地方都是一样的，惟独此处却用"钟"来命名，这是什么原因呢？

宋神宗元丰七年（1084年）六月初九，我从齐安（即黄州，治所在今湖北黄冈市）乘船到临汝（即汝州，治所在今河南临汝县），而我的大儿子苏迈也要去饶州（治所在今江西鄱阳县）的德兴（今属江西省）县任县尉。我送他去湖口，因此有机会到了传说中的石钟山。寺庙里的和尚派一个小童拿了斧头，在湖边的乱石丛中选着敲击了一两处，结果发出了"硿硿硿"的声音，我只是笑了笑，并不认为它正确。到晚上月亮明亮的时候，我单独与长子苏迈乘坐小船来到湖中的绝壁之下，山石耸立岸边，有千尺之高，犹如凶猛的野兽、奇异的鬼怪，阴冷可怕地想扑击人似的；而山上栖息的鹘鸟，听到人声也忽地惊飞起来，在云霄间"磔磔"地鸣叫；又像老人在山谷中边咳边笑的声音，有人说："这就是所说的鹳鹤鸟。"正在我心惊肉跳而想返回之际，忽然听到水上发出一种很大的声响，轰轰隆隆地像不断敲击钟鼓而发出的声音一样，船夫很是惊怕。我慢慢地观察它，才发现山下都是石头形成的洞穴和缝隙，难以探得它的深浅。微小的波浪进入其中，流转激荡而发出这种声音。把船绕至两山之间，将要进入港口的时候，忽见一块大石头挡立在水中间，上边可坐百人左右，大石的里面是空的，并有许多洞眼，微风波浪冲进其中又击荡返回，发出窾坎镗鞳的声响，与刚才的轰轰隆隆的钟鼓声相呼应，犹如演奏乐器一般。弄清了这个原因，我因此笑着对苏迈说："你知道了吗？轰隆的声音，就像是周景王的无射（yì）钟发出的；窾坎铿锵的声音，像是魏庄子的歌钟发出的。古人给山起名钟山，并没有欺骗我们啊。”

事情没有经过自己的眼睛所见、耳朵所闻就凭空判断其是否存在，这可以吗？郦道元的所见所闻和我大致相同，但他说得并不详尽；一般士大夫到底不会乘小船夜间停在绝壁之下，所以也不会知道其中的详情；而一般渔夫船工虽然知道详情却用话难以准确地表达出来，这就是石钟山得名的真相没有在世间流传的原因。而见识鄙陋的人却用斧头之类的器械敲击石头探求它，自认为得到了真实情况。因此我写文章把这件事记下来，为的是叹惜郦道元记录的简略，讥笑李渤见识的浅薄啊。

前赤壁赋

苏　轼

【题解】

宋神宗元丰二年（1079），苏轼被贬为黄州（在今湖北黄冈）团练副使。在黄州期间，曾两次游览城外的赤壁，并写下了《前赤壁赋》和《后赤壁赋》。他所游赤壁，并非三国时魏吴大战时的赤壁。作者却假托为与曹操相关，在借景抒怀的同时，借凭吊古人的兴亡而抒发关于人生的感叹。作者以主客问答的形式，其实无论主还是客，所言均是苏轼的内心感慨。一方面，他感叹人生短暂，变动不居，现实苦闷；但另一方面，作者最终从苦闷中摆脱出来，阐发了变与不变的哲理，表现了一种旷达乐观的人生态度。

【原文】

壬戌之秋[1]，七月既望，苏子与客泛舟游于赤壁之下。清风徐来，水波不兴。举酒属客，诵《明月》之诗，歌《窈窕》之章[2]。少焉，月出于东山之上，徘徊于斗牛之间。白露横江，水光接天。纵一苇之所如，凌万顷之茫然。浩浩乎如冯虚御风，而不知其所止；飘飘乎如遗世独立，羽化而登仙。

于是饮酒乐甚，扣舷而歌之。歌曰：“桂棹兮兰桨，击空明兮溯流光。渺渺兮予怀，望美人兮

天一方。”客有吹洞箫者，依歌而和之。其声呜呜然，如怨如慕，如泣如诉，余音袅袅，不绝如缕。舞幽壑之潜蛟，泣孤舟之嫠妇。

苏子愀然，正襟危坐而问客曰：“何为其然也？”客曰：“‘月明星稀，乌鹊南飞’，此非曹孟德之诗乎〔3〕？西望夏口，东望武昌，山川相缪，郁乎苍苍，此非孟德之困于周郎者乎〔4〕？方其破荆州，下江陵，顺流而东也〔5〕，舳舻千里，旌旗蔽空，酾酒临江，横槊赋诗，固一世之雄也，而今安在哉？况吾与子渔樵于江渚之上，侣鱼虾而友麋鹿，驾一叶之扁舟，举匏樽以相属。寄蜉蝣于天地，渺沧海之一粟。哀吾生之须臾，羡长江之无穷。挟飞仙以遨游，抱明月而长终。知不可乎骤得，托遗响于悲风。”

苏子曰：“客亦知夫水与月乎？逝者如斯，而未尝往也；盈虚者如彼，而卒莫消长也。盖将自其变者而观之，则天地曾不能以一瞬；自其不变者而观之，则物与我皆无尽也，而又何羡乎？且夫天地之间，物各有主。苟非吾之所有，虽一毫而莫取。惟江上之清风，与山间之明月，耳得之而为声，目遇之而成色，取之无禁，用之不竭，是造物者之无尽藏也，而吾与子之所共适。”

客喜而笑，洗盏更酌。肴核既尽，杯盘狼藉。相与枕藉乎舟中，不知东方之既白。

【注释】

〔1〕壬戌：古代历法以干支纪年，宋神宗时的壬戌年为元丰五年，即公元1082年。

〔2〕《明月》之诗：指曹操《短歌行》，因其中有“明明如月”、“月明星稀”等句。《窈窕》之章：指《诗经·关雎》，因其中有“窈窕淑女，君子好逑”等句。或说实指《诗经·月出》篇，因其有“舒窈纠兮”句；窈纠即窈窕。

〔3〕“月明星稀，乌鹊南飞”：为曹孟德（操）的《短歌行》中的名句。

〔4〕夏口：汉水入长江处，古称夏口，又称汉口。武昌：今湖北鄂州。三国时，孙权曾迁都于此。周郎：孙权的将领，任中郎将时年仅二十四，人称周郎。

〔5〕破荆州，下江陵：建安十三年（208），曹操率大军南攻荆州（治所在今湖北襄阳），刘琮投降；又打败刘备，进军江陵（今属湖北）。

【译文】

宋神宗元丰五年(1082)的秋天，农历七月十六日，我与客人划着小船，在赤壁之下游览。这时，清爽的凉风缓缓吹来，江面上水波平静。我举起酒杯向客人劝酒，朗诵《明月》的诗歌，唱起《窈窕》的篇章。过了一会儿，月亮从东边山上升起，在斗宿和牛宿之间徘徊不定。白蒙蒙的水气笼罩江面，江水的白光与天上的月光相连接。我们放纵小船，任凭它漂来漂去，行驶在茫茫无边的江面。江面多么宽阔，浩浩荡荡如同凌空驾风一样，而不知道船儿漂到了什么地方；轻飘飘地如同远离尘世，了无牵挂，变化飞升而登上了神仙的境界。

于是，大家欢畅地喝着酒，我不由得敲着船舷唱起歌来。歌词说：“桂木做的船棹啊兰木做的船桨，划开清亮的江水啊迎着江面上浮动的月光。我的心思悠悠怀远啊，盼望的美人远在天的另一方。”客人中有个善吹洞箫的人，依着我的歌声而吹箫相和。箫声呜呜地响着，像是怨恨着什么，又像企盼着什么，像是在哭泣又像是在诉说，箫声停止了而余音仍在悠扬回荡，很长时间不能断绝，犹如用丝缕相连。箫声使得幽居水底的蛟龙跳起舞来，又使得独守空船的寡妇饮泣流泪。

我顿时改变了脸色，整理好衣服，端坐着问客人道：“箫声为什么如此悲凉呢？”客人回答说：“‘月明星稀，乌鹊南飞’，这不是曹孟德(曹操字孟德)《短歌行》里的诗句吗？向西望去是夏口，向东望去是武昌，山水在这中间相互环绕，而草木茂盛，一片苍茫，这不是曹孟德被周瑜围困的地方吗？当时曹操刚刚攻破了刘表据有的荆州，又攻下江陵，顺江流向东而进的时候，战船首尾相连，浩浩荡荡，有千里之长，军中的旗帜遮蔽了天空。他面对大江端起酒杯，横握长矛赋下新诗，确实称得上是一代英豪，但是现在又在哪里呢？况且我与您在江边捕鱼打柴，以鱼虾为伴侣，以麋鹿为朋友，驾起一只小船，举起酒杯互相祝福。就像一生短暂的蜉蝣寄生于不生不灭的天地间一样，渺小得像大海里的一粒粮食；哀叹人生的短促，羡慕长江的无穷无尽；希望与天上的神仙一块遨游，怀抱明月而永世长存。知道这些都不可能忽然得到，只有把洞箫的余音吹进这悲凉的秋风。”

我不由自主地对客人说：“您也知道那江水和明月的妙处吗？江水是如此滔滔不绝向东而去，但对长江本身而言却不曾流去啊；月亮有圆时有缺时，但对月亮本身而言却不曾增大或消减。所以说从事物变化的角度去看的话，那么天地间的一切就连一眨眼的时间都不曾保持过原貌；从事物不变的角度去看的话，则事物连同我们自己都是无穷无尽的，又有什么值得羡慕的呢？再说天地之间的东西，都有它们各自的主人，倘若不是我所有的，即使一丝一毫也不会去取。只有这江面上清爽的凉风，与那山间皎洁的月光，耳朵听至就有了声音，眼睛看见就有了颜色，取它没有人会禁止，消用它不会穷尽，这是造物者所赐予的无尽宝藏啊，而成为我与您共同享受的东西。”

客人高兴得笑了起来，于是洗了酒盏重新斟酒。菜肴和果品已经吃完，杯子、盘子也杂乱地放在一边。我与客人互相枕靠着挤在船中睡着了，不知不觉间东方已经放出了天亮的白光。

六 国 论

苏 辙

【题解】

苏 辙

苏辙（1039—1112），字子由，眉州眉山（今属四川）人。北宋散文家，是苏洵的儿子、苏轼的弟弟。宋仁宗嘉祐年间进士，累官尚书右丞、门下侍郎。著有《栾城集》。

六国，指战国时韩、赵、魏、齐、楚、燕六国。作者分析了六国先后被秦灭亡的历史，指出六国诸侯眼光短浅，胸无韬略，不能联合一致，共同对敌，以致先后灭亡。此文可与苏洵的《六国论》并读，二者都是总结六国灭亡的历史教训，洵文着眼于政治形势，批评苟安的国策；辙文着眼于战略分析，批评六国没有战略眼光，不能联合抗敌，却互相残杀。

【原文】

尝读六国世家，窃怪天下之诸侯，以五倍之地，十倍之众，发愤西向，以攻山西千里之秦[1]，而不免于灭亡。常为之深思远虑，以为必有可以自安之计；盖未尝不咎其当时之士，虑患之疏，而见利之浅，且不知天下之势也。

夫秦之所与诸侯争天下者，不在齐、楚、燕、赵也，而在韩、魏之郊[2]；诸侯之所与秦争天下者，不在齐、楚、燕、赵也，而在韩、魏之野。秦之有韩、魏，譬如人之有腹心之疾也。韩、魏塞秦之冲，而蔽山东之诸侯[3]，故夫天下之所重者，莫如韩、魏也。

昔者范雎用于秦而收韩[4]，商鞅用于秦而收魏[5]。昭王未得韩、魏之心，而出兵以攻齐之刚、寿，而范雎以为忧，然则秦之所忌者可见矣[6]。秦之用兵于燕、赵，秦之危事也。越韩过魏，而攻人之国都，燕、赵拒之于前，而韩、魏乘之于后，此危道也[7]。而秦之攻燕、赵，未尝有韩、魏之忧，则韩、魏之附秦故也。夫韩、魏，诸侯之障，而使秦人得出入于其间，此岂知天下之势耶？委区区之韩、魏，以当强虎狼之秦，彼安得不折而入于秦哉？韩、魏折而入于秦，然后秦人得通其兵于东诸侯，而使天下遍受其祸。

夫韩、魏不能独当秦，而天下之诸侯，藉之以蔽其西，故莫如厚韩亲魏以摈秦。秦人不敢逾韩、魏以窥齐、楚、燕、赵之国，而齐、楚、燕、赵之国，因得以自完于其间矣。以四无事之国，佐当寇之韩、魏，使韩、魏无东顾之忧，而为天下出身以当秦兵。以二国委秦，而四国休息于内，以阴助其急。若此，可以应夫无穷，彼秦者将何为哉？不知出此，而乃贪疆埸尺寸之利，背盟败约，以自相屠灭。秦兵未出，而天下诸侯已自困矣。至于秦人得伺其隙，以取其国，可不悲哉？

【注释】

〔1〕山西千里之秦：山西指崤山（河南洛宁西北）以西，秦国处于这一地区。

〔2〕齐：辖今山东大部及河北东南部，建都临淄（山东淄博）。楚：据有湖北、湖南、安徽、江苏、浙江及河南大部、山东西南部，开始时都城在郢（湖北江陵），后迁于陈（河南淮阳），再迁寿春（安徽寿县）。燕：辖河北北部及辽宁西南部，建都于蓟（北京）。赵：辖山西中部、北部及河北西部，始都晋阳（山西太原），后迁邯郸（今属河北）。以上四国皆远离秦国，不与它接壤。韩：辖有山西东南部及河南中部，始都阳翟（河南禹县），后迁新郑（河南郑州），处于秦楚两强之间，东与魏国相连，为军事上必争之地。魏：西达山陕交界的黄河，与秦国接壤；东北至河北定县，与赵、齐为邻；南至河南开封，与韩、楚连界；始都安邑（山西夏县），后迁大梁（河南开封）。地理位置也很重要。

〔3〕山东：崤山以东。

〔4〕范雎用于秦：据《史记·范雎传》记载，范雎对秦昭王说：“今夫韩魏，中国之处，而天下之枢也。王其欲霸，必亲中国以为天下枢。”要昭王亲魏收韩。

〔5〕商鞅用于秦：据《史记·商君列传》记载，商鞅劝秦孝公出兵伐魏，“魏不支秦必东徙，东徙，秦据河山之固，东向以制诸侯，此帝王之业也。”后来终于使魏割河西之地与秦讲和。

〔6〕昭王攻刚、寿：秦昭王三十六年（前271）派兵攻齐，攻打刚寿（山东东平西南）。据《史记·范雎传》：他对秦昭王说：“越韩魏而攻齐刚寿，非计也。今见与国之不亲也，越人之国而攻可乎？其于计疏矣。王不如远交而近攻，得寸则王之寸也，得尺亦王之尺也。今释此而远攻，不亦缪乎?”

〔7〕危道：据《史记·高祖本纪》：“沛公略南阳，南阳守保城，沛公引兵过而西。张良谏曰：沛公虽欲急入关，秦岳尚众拒险，今不下宛，宛从后击，强秦在前。此危道也。”

【译文】

我曾经读《史记》中齐、楚、燕、韩、赵、魏六国的《世家》，私下奇怪这些各霸天下一方的诸侯以五倍于敌的地域，十倍于敌的军民，奋发向西而进，去攻击崤山之西不过千里之大的秦国，却没能免于灭亡的命运。我常常为他们深刻地考虑，认为他们一定会找到一条能保全自己的计策。因此不得不责备当时的谋士们防备祸患之策的疏漏，目光看不到长远利益，并且不了解天下的大势。

秦国和诸侯们争夺天下的要害之地，不是在齐国、楚国、燕国和赵国之内，而是在韩国、魏国的郊外；诸侯各国与秦国争夺的关键之地也不是在齐国、楚国、燕国、赵国之内，而同样是在韩国、魏国的郊野。秦国对于韩国、魏国的存在，就像人患有腹心的疾病一样。韩国、魏国堵塞着秦国东进的要道，而遮蔽着崤山之东的各诸侯国；所以天下最重要的战略位置，没有比得过韩国、魏国的。

当时范雎被秦国任用就主张收服韩

国，商鞅被秦国任用就主张收服魏国。秦昭王没有得到韩国、魏国的真心降服，就出兵攻打齐国的刚(在今山东兖州附近)、寿(在今山东东平县北)之地，范雎因此很是担心。因此，秦国所忌讳的就很明白地看出来了。秦国对燕国、赵国用兵，对秦国来说就是很危险的事了。跨越韩国、魏国而攻击他国的都城，那么燕国、赵国在前边抗拒，韩国、魏国乘机在后面偷袭，这就很危险了。但秦国攻击燕国、赵国，却不曾对韩国、魏国的存在感到担忧，这是因为韩国、魏国依附于秦国的缘故。韩国、魏国作为诸侯各国的屏障而秦国能在其中进进出出，这难道说那些谋士了解了天下的大势吗？把小小的韩国、魏国推出去，以抵御强暴如虎狼一般的秦国，那韩国、魏国怎么能不回头投入秦国的怀抱呢？韩国、魏国依附了秦国。于是秦国便能派兵通过其地而向东进攻诸侯各国，从而使整个天下的诸侯国遭受到被秦国灭亡的祸害。

韩国、魏国不能独自抵挡秦国，而天下各诸侯国可以凭借韩国、魏国而挡住秦国自西向东进攻的道路，因此，还不如亲近厚待韩国和魏国以抵挡秦国。秦国既然不敢轻易越过韩国、魏国以谋取齐国、楚国、燕国和赵国，那么，齐国、楚国、燕国和赵国，便可以因此保全自身了。凭着四个没有战事的国家，帮助面对强敌的韩国和魏国，使韩国、魏国没有来自东面的后顾之忧，而为天下各诸侯国的安全去抵挡秦兵。用韩国、魏国对付秦国，而其他四个国家在内部休养生息，并在暗中帮助韩国、魏国解除危急，这样的话，便可以对付一切变故，那强大的秦国还能有什么作为呢？不知道出此计策，却贪图边土上的尺寸小利，违背誓言破坏协约，而自相残杀。秦兵还没有出击，而天下的诸侯国已把自己搞得困顿不堪了。因此使秦国能乘机攻取他们的国家，这能不令人悲叹吗？

黄州快哉亭记

苏　辙

【题解】

本文是作者在宋神宗元丰六年（1083）谪居筠州（今江西高安）时所作。文章借快哉亭来述说张梦得能够随遇而安的旷达胸怀，实际上也是抒发作者自己的思想感情。作者描述了快哉亭上所见的景物，说明只有像亭主人一样胸怀坦荡，不因个人遭遇而影响心境，才能“无所不快”。这实际上是作者在不利处境下的自勉。这种思想在封建社会的知识分子中很具有普遍性。

【原文】

江出西陵[1]，始得平地，其流奔放肆大。南合湘沅[2]，北合汉沔[3]，其势益张。至于赤壁之下[4]，波流浸灌，与海相若。清河张君梦得，谪居齐安，即其庐之西南为亭，以览观江流之胜[5]。而余兄子瞻名之曰“快哉”。[6]

盖亭之所见，南北百里，东西一合，涛澜汹涌，风云开阖。昼则舟楫出没于其前，夜则鱼龙悲啸于其下。变化倏忽，动心骇目，不可久视。今乃得玩之几席之上，举目而足。西望武昌诸山[7]，冈陵起伏，草木行列，烟消日出，渔夫、樵父之舍，皆可指数，此其所以为“快哉”者也。至于长洲之滨，故城之墟，曹孟德、孙仲谋之所睥睨，周瑜、陆逊之所驰骛[8]，其风流遗迹，亦足以称快世俗。

昔楚襄王从宋玉、景差于兰台之宫[9]，有风飒然至者，王披襟当之，曰：“快哉此风！寡人所与庶人共者耶？”宋玉曰：“此独大王之雄风耳，庶人安得共之？”玉之言，盖有讽焉。夫风无雄雌之异，而人有遇不遇之变。楚王之所以为乐，与庶人之所以为忧，此则人之变也，而风何与焉？士生于世，使其中不自得，将何往而非病？使其中坦然，不以物伤性，将何适而非快？今张君不以谪为患，收会稽之余，而自放山水之间，此其中宜有以过人者。将蓬户瓮牖，无所不快，而况乎濯长江之清流，揖西山之白云[10]，穷耳目之胜以自适也哉！不然，连山绝壑，长林古木，振之以清风，照之以明月，此皆骚人思士之所以悲伤憔悴而不能胜者，乌睹其为快也！

【注释】

〔1〕西陵：即西陵峡，为长江三峡之一，在今湖北宜昌和巴东县之间。

〔2〕湘、沅：二水名，即湘江和沅江，都在长江南岸，为湖南省主要河流，北流入江。

〔3〕汉：汉水，出陕西宁强县北嶓冢山，初出山时名漾水，东南经过沔县，会合沔水。沔：沔水，出陕西留坝县西，进入沔县。另有一源出自陕西略阳，东南流至沔县。诸水会合，东经褒城县再合褒水，始称汉水。

〔4〕赤壁：一名赤鼻矶，在今湖北黄冈。并非三国赤壁之战的地方。苏氏据民间传说，姑且记之，未作定论。

〔5〕张梦得：张怀民字，清河（今属河北）人，贬官齐安，即黄州。元丰六年（1083年）七月，营新居于江上。

〔6〕子瞻：即苏轼，为作者之兄，当时亦贬官黄州，与张梦得交往。本年十月十二日益夜访张怀民，有《记承天寺夜游》记其事。

〔7〕武昌：今湖北鄂州县。

〔8〕睥睨、驰骛：此指三国时的赤壁之战，曹操（字孟德）与孙权（字仲谋）在此交锋。周瑜，字公瑾。陆逊，字伯言，皆东吴的名将。

〔9〕楚襄王：战国时楚国的君主，公元前229年—前252年在位。相传他曾梦见巫山神女。宋玉：楚国的大夫，善作辞赋。下文故事即见他所著的《风赋》。景差：楚国的大夫，亦善辞赋。兰台之宫：在今湖北钟祥。

〔10〕西山：又名樊山。《东坡志林·古迹》有樊山的记载。在今湖北鄂州西。

【译文】

长江流出西陵峡，开始进入平坦的旷野，江流变得奔放宽阔起来。在南汇合了沅水、湘江，在北接纳了汉江、沔水(汉江的北源称沔水，西源称汉水)，水势更加盛大。到了赤壁之下，江流浸蚀两岸，犹如大海一样宽阔。清河(今属河北省)张梦得君贬官后居住在齐安(即黄州)，他在住处的西南边建了一座亭子，用以观览长江横流浩瀚的胜景，我的哥哥苏轼(字子瞻)给它起名为“快哉”。

从亭上所能看到的，南北之间有百余里，东西之间约三十里。长江波涛汹涌，时而风起云涌，时而风静云消；白天则有舟船往来于眼前，晚上可听鱼龙在亭下悲鸣；景致变化迅疾，动人心魄，惊人眼目，使人不能长时间地观看。如今我能坐在亭子间的案几上观览，只要一抬头就尽可以看个够。向西望去，武昌一带的山脉，山冈丘陵，高低起伏，草木成行成列，烟雾消散，红日东出，渔夫、樵客的屋舍，都历历在目，举手可数。这就是把亭子起名为“快哉”的原因吧。至于那江中长长的沙洲沿岸，故城的废墟，曹操、孙权曾经窥视谋取的地方，周瑜、陆逊曾经展露才华的场所，他们的风流遗迹，也足使世俗之人快慰啊。

从前宋玉、景差陪伴楚襄王在兰台宫游玩，有阵清风忽然吹来，楚襄王迎风敞开衣襟，说：“这风真令人痛快啊！大概寡人和百姓们可共同享受吧？”宋玉回答说：“这仅是大王独享的雄风罢了，老百姓怎能与您共同享有呢？”宋玉说的话包含有讽谏的意思。风并没有雄雌的分别，而人却有得志不得志的不同。楚襄王所感到的快乐，老百姓所感到的忧愁，只是人的境遇不同造成的，与风有什么关系呢？读书人生活在世上，假使他心中有不得意的地方，那么到哪里会有快乐呢？假使他心中坦然自安，不以外物的影响而伤害到性情，又到哪里不会快乐呢？如今张君不以贬谪异乡为愁苦，利用办理公务之后的闲余时间，而在山水之间尽情享乐，这其中应有超过常人的地方。即使让他生活在茅草编成的门户、瓮片做成的窗子那样艰苦的环境中，他也不会有不快乐的，更何况是可于长江中的清流中洗濯，能在西山上尽情观赏悠悠的白云，从而让耳目充分地感受美好的景色，从中来自求安适呢！如果不是这样，那么连绵的山脉，幽深的峡谷，一眼望不到边的森林，古老的树木，清风在其间回荡，又有明月照临，这些景物都是令文人志士悲伤甚至憔悴而不能忍受的，怎么能从中看到什么快乐呢！

游褒禅山记

王安石

【题解】

王安石（1021—1086），北宋政治家、文学家、思想家。字介甫，号半山，抚州临川（今属江西）人。散文雄健峭拔，为“唐宋八大家”之一。

王安石

本篇是游记形式的说理文，作者通过记游褒禅山说明治学的道理：一是反对浅尝辄止，提倡深入探索，并精辟地分析了“志”、“力”、“物”三个条件及其相互关系；二是反对道听途说，以讹传讹，主张探本索源，深思慎取。这两点虽只讲治学，但不乏普遍的思想意义，在今天仍有启发意义。本文以具体形象的记游来论证抽象的道理，叙事议论互相呼应，紧密结合，在写作上也是别具一格的。

【原文】

褒禅山，亦谓之华山。唐浮图慧褒始舍于其址，而卒葬之，以故其后名之曰褒禅[1]。今所谓慧空禅院者，褒之庐冢也。距其院东五里，所谓华山洞者，以其乃华山之阳名之也[2]。距洞百余步，有碑仆道，其文漫灭，独其为文犹可识，曰“花山”。今言“华”如“华实”之“华者”，盖音谬也。

其下平旷，有泉侧出，而记游者甚众，所谓“前洞”也。由山以上五六里，有穴窈然，入之甚寒，问其深，则其好游者不能穷也，谓之“后洞”。余与四人拥火以入，入之愈深，其进愈难，而其见愈奇。有怠而欲出者，曰：“不出，火且尽。”遂与之俱出。盖予所至，比好游者尚不能十一，然视其左右，来而记之者已少。盖其又深，则其至又加少矣。方是时，予之力尚足以入，火尚足以明也。既其出，则或咎其欲出者，而予亦悔其随之，而不得极乎游之乐也。

于是予有叹焉。古人之观于天地、山川、草木、虫鱼、鸟兽，往往有得，以其求思之深而无不在也。夫夷以近，则游者众；险以远，则至者少。而世之奇伟瑰怪非常之观，常在于险远，而人之所罕至焉，故非有志者，不能至也。有志矣，不随以止也，然力不足者，亦不能至也。有志与力，而又不随以怠，至于幽暗昏惑，而无物以相之，亦不能至也。然力足以至焉，于人为可讥，而在己为有悔；尽吾志也，而不能至者，可以无悔矣，其孰能讥之乎？此予之所得也。

余于仆碑，又有悲夫古书之不存，后世之谬其传而莫能名者，何可胜道也哉！此所以学者不可以不深思而慎取之也。

四人者：庐陵萧君圭君玉〔3〕，长乐王回深父〔4〕，予弟安国平父〔5〕、安上纯父〔6〕。

【注释】

〔1〕慧褒：唐太宗时的高僧，喜欢含山县北山麓的胜景，于是在那儿结庐而寒暑不出，当时的人不能测其踪迹。圆寂后，葬于此山。

〔2〕华山洞：一本作华阳洞，于义为胜。据《读史方舆纪要》、康熙《含山县志》诸书，城北十五里有华山，又东五里有华阳山，亦名兰陵山，山有华阳洞。明人戴重有《褒禅寺记》、《华阳洞记》，较详。王安石游褒禅山在仁宗至和元年（1054）七月。

〔3〕萧君圭：字君玉，北宋庐陵(江西吉安)人，生平事迹不详。

〔4〕王回(1023—1065)：字深父，长乐(福建福州)人，敦行孝友，质直平恕，不求名誉，曾中进士，称病免官。

〔5〕安国(1028—1074)：字平父，王安石的四弟。熙宁初，以才行召试及第，历任西京国子教授、崇文院校书、秘阁校理。

〔6〕安上：字纯父，王安石的七弟。

【译文】

褒禅山也称作华山，唐代的和尚慧褒起初在这个地方建造了房舍，死后又埋藏在这里，因此后人就把这座山叫做褒禅山。今天所说的慧空禅院，就是慧褒的房舍和坟墓的所在地。距慧空禅院东边五里，有个叫华山洞的地方。之所以叫“华山洞”，是因为它在华山南面的缘故。离洞一百余步．有块碑石倒在路上，上边的文字漫漶，已经看不清楚了，只从残存的文字中还可以辨出“花（huā）山”二字。而今天将“华”(huá)读作“华实”的“华”，大概是读音错了。

洞的下边平坦而开阔．有一股泉水从洞旁涌出，在这里游览和留字纪念的人很多，这就是称作“前洞”的地方。由此向山上约五六里，有个洞穴很幽深，进入里边很是寒冷，问它的深度，就是那些喜好游览的人也没有走到过它的尽头。人们称它作“后洞”。我与其他四人拿着火把进去，进入越深，就越难行走，而所看到的景色就更加奇异。有个人懈怠而想出去，就对大家说：“再不出去，火把就要熄灭了。”于是大家就和他一起出来了。大概我们所到的地方，还不到那些喜好游览的人的十分之一，然而看左右的墙壁，来题字留念的人已经很少了。恐怕进入再深一点，到的人就更加少了。当时，我的力气还可以再深入一些，火还足够照明。已经出来后，就有人责备那个提议退出的人，我也后悔跟着出来，而没能尽情享受游览的乐趣。

于是我颇有感慨。古人对天地、山川、草木、虫鱼、鸟兽的观察，往往有所收获，这是因为他们对问题追求思索得深刻，没有什么不加以体察的。平坦而近的地方，游的人就多；艰险而远的地方，到的人就少。而世上奇特雄伟、壮丽怪异、不同寻常的景色，常常在艰险而远、一般人很少到达的地方。所以说没有毅力的人是不能到达的。有毅力，不随从别人停止，但力气不足的，也不能到达。有毅力和气力，又不随别人而懈怠，到了幽深黑暗令人迷惑的地方，若没有什么东西帮助，也不能到达。但是，力气尚可到达的地方自己却没有到达，不仅会受他人的讥笑，并且自己也会后悔。尽了自己勇气和毅力而不能到达的，可以没有什么后悔的了，谁还能讥笑呢？这是我从这件事上受到的启发。

我对于倒在地上的碑石，又感叹古书没有记录而后世的人以讹传讹，难以搞清楚的东西，怎么能说得完呢？这就是搞学问的人不能不深刻地思考而谨慎地选取的原因啊。

同游的四个人是：庐陵(今江西吉安)的萧君圭(字君玉)，长乐(今福建长乐)的王回(字深父)，我的弟弟王安国(字平父)和王安上(字纯父)。

卖柑者言

刘　基

【题解】

刘基（1311—1375），字伯温，浙江青田人。元末进士，明初任御史中丞兼太史令，封诚意伯。善文章，与宋濂齐名。

这是一篇讽刺性的小品文。文章假托一个卖柑者的议论，用辛辣的笔墨深刻揭露了元代末年那些尸位素餐的官僚们“金玉其外，败絮其中”的腐朽本质，尖锐地批判了当时的社会现实，宣泄了作者对时事的满腔愤怒。文章构思巧妙，言近旨远，语言犀利。

刘　基

【原文】

杭有卖果者，善藏柑，涉寒暑不溃。出之烨然，玉质而金色。剖其中，干若败絮。予怪而问之曰：“若所市于人者，将以实笾豆，奉祭祀，供宾客乎？将炫以惑愚瞽乎？甚矣哉为欺也！”

卖者笑曰：“吾业是有年矣，吾赖是以食吾躯。吾售之，人取之，未闻有言，而独不足子所乎？世之为欺者不寡矣，而独我也乎？吾子未之思也。今夫佩虎符、坐皋比者，洸洸乎干城之具也，果能授孙、吴之略耶[1]？峨大冠、拖长绅者，昂昂乎庙堂之器也，果能建伊、皋之业耶[2]？盗起而不知御，民困而不知救，吏奸而不知禁，法斁而不知理，坐糜廪粟而不知耻[3]。观其坐高堂，骑大马，醉醇醴而饫肥鲜者，孰不巍巍乎可畏，赫赫乎可象也？又何往而不金玉其外，败絮其中也哉！今子是之不察，而以察吾柑。”予默默无以应。退而思其言，类东方生滑稽之流[4]。岂其忿世嫉邪者耶？而托于柑以讽耶？

【注释】

〔1〕虎符：铜质虎形的兵符。皋比：老虎皮。这里指虎皮交椅。洸洸（guāng）：威武的样子。

〔2〕峨：高耸。这里作动词用，高戴。绅：古代官吏束在腰间的大带子。伊：伊尹，名挚，商汤时的大臣。皋：皋陶（yáo），尧舜时的大臣。

〔3〕斁（dù）：败坏，糜：消耗，浪费，廪粟：公家仓库里的粮。

〔4〕东方生：即东方朔，字曼倩，汉武帝时人。他善于用诙谐滑稽的语言讽谏。

【译文】

杭州有个卖水果的人，善于贮藏柑子，经过严冬酷暑都不会腐烂。出卖时光泽鲜亮，如同玉石般的质地、金黄色的色泽；然而剖开来看，里面干枯得如同破绵絮一般。我非常奇怪，就问他说：“你所卖的柑子，是准备让人放在盘中，去供奉祖先、神灵，或者款待宾客，还是炫耀它的好看的外表以迷惑愚人或瞎子呢？这种欺骗人的手段也太过分了！”

卖柑的人笑笑说：“我干这个行当已经多年了，我靠这养活自己。我出卖，人来买，还没有听谁说过什么话，而惟独不能满足您的需要吗？世间行骗的人多的是，难道只有我一个人吗？只不过您没有想过这个问题而已。现在那些佩带兵符、坐虎皮椅子的人，威风凛凛地像是保卫国家的人材，他们果真能拿出孙子、吴起那样的韬略吗？那些高高地戴着官帽、长长地拖着官带的人，气势轩昂得像是朝廷重臣，他们果真能建立起伊尹、皋陶那样的业绩吗？盗贼兴起而不知怎样防御，人民穷困而又不知怎样解救，官吏奸邪而不知怎样禁止，法度败坏而不知怎样整顿，坐在那里白白地耗费仓中的粮食而不知道羞耻。看他们坐在高堂之上，骑着大马，喝醉美酒，吃饱鱼肉的样子，哪一个不威严得令人畏惧，显赫得令人效法呢？可是不管到了哪里又何尝不是金玉般的外表，破棉絮般的肚肠呢？现在，您不去细察这些，却来察究我的柑子！”我沉默着，没办法应答他。回来后想他说的话．觉得很像东方朔那样滑稽的一类人。难道他是愤恨世事憎恨邪恶的人吗？是借用柑子来讽刺世事的吗？

五人墓碑记

张 溥

【题解】

张溥(1602—1641)，字天如，号西铭，江苏太仓人。明崇祯四年（1631）进士。他自幼勤奋好学，所读书必手抄六七遍，后来以此命名自己的书斋为七录斋。他组织并领导了爱国进步文社——复社，政治上坚决反对阉党的残暴统治，文学上主张“复兴古学”、“务为有用”。

明朝末年，社会政治日益腐败，统治地位摇摇欲坠，地主阶级内部斗争异常尖锐。明天启年间形成阉党和东林党两大集团，东林党人主张开放言路、改良政治、反对阉党对江南地区实行残酷的政治压迫和经济掠夺。而以魏忠贤为首的阉党为排除异己，在全国范围内制造白色恐怖，逮捕杀戮了不少东林党人。周顺昌原为吏部文选司员外郎，现已罢官家居，但他结交东林党人，叱骂魏忠贤及其党羽，深受魏忠贤嫉恨。天启六年(1626)三月，东厂派人到苏州逮捕周顺昌，激于义愤，苏州市民数万人自发聚集在一起为周顺昌请命，当场打死一名阉党爪牙，打死多人，形成一次群众性的反宦官、反特务运动。事后，颜佩韦等五名主要人物以“倡乱”罪名被杀害。这一事件的详细情况可参看《明史·周顺昌传》、《南疆逸史》等。此事过了不到一年，崇祯帝即位，逮治魏忠贤，苏州市民把五人合葬在虎丘山旁，题称“五人之墓”，张溥写了这篇《五人墓碑记》以示纪念。

本文记录和歌颂了苏州市民反抗阉党的正义斗争及其历史功绩，赞扬了颜佩韦等五人不畏强暴、见义勇为、视死如归的英雄气概。本文从主题情感到结构技巧到语言运用，颇受后人称道。《古文观止》原评是：“议论随叙事而入，感慨淋漓，激昂尽致。当与史公伯夷、屈原二传并垂不朽。”

【原文】

五人者，盖当蓼洲周公之被逮，激于义而死焉者也[1]。至于今，郡之贤士大夫请于当道，即除魏阉废祠之址以葬之，且立石于其墓之门，以旌其所为。呜呼！亦盛矣哉！

夫五人之死，去今之墓而葬焉，其为时止十有一月耳。夫十有一月之中，凡富贵之子，慷慨得志之徒，其疾病而死，死而湮没不足道者，亦已众矣，况草野之无闻者欤？独五人之皦皦，何也？

予犹记周公之被逮，在丁卯三月之望[2]。吾社之行为士先者，为之声义，敛资财以送其行，哭声震动天地。缇骑按剑而前，问：“谁为哀者[3]？”众不能堪，抶而仆之。是时以大中丞抚吴者，为魏之私人，周公之逮所由使也。吴之民方痛心焉，于是乘其厉声以呵，则噪而相逐。中丞匿于溷藩以免[4]。既而以吴民之乱请于朝，按诛五人，曰：颜佩韦、杨念如、马杰、沈扬、周文元，即今之傫然在墓者也。

然五人之当刑也，意气扬扬，呼中丞之名而詈之，谈笑以死。断头置城上，颜色不少变。有贤士大夫发五十金，买五人之脰而函之，卒与尸合。故今之墓中，全乎为五人也。嗟夫！大阉之乱，缙绅而能不易其志者，四海之大，有几人欤[5]？而五人生于编伍之间，素不闻诗书之训，激昂大义，蹈死不顾，亦曷故哉？且矫诏纷出，钩党之捕遍于天下。卒以吾郡之发愤一击，不敢复有株治。大阉亦逡巡畏义，非常之谋，难于猝发，待圣人之出，而投缳道路，不可谓非五人之力也。

由是观之，则今之高爵显位，一旦抵罪，或脱身以逃，不能容于远近，而又有剪发杜门，佯狂不知所之者，其辱人贱行，视五人之死，轻重固何如哉？是以蓼洲周公，忠义暴于朝廷，赠谥美显，荣于身后。而五人亦得以加其土封，列其姓名于大堤之上。凡四方之士，无有不过而拜且泣者，斯固百世之遇也。不然，令五人者保其首领，以老于户牖之下，则尽其天年，人皆得以隶使之，安能屈豪杰之流，扼腕墓道，发其志士之悲哉？故予与同社诸君子，哀斯墓之徒有其石也，而为之记，亦以明死生之大，匹夫之有重于社稷也。

贤士大夫者：冏卿因之吴公，太史文起文公，孟长姚公也。

【注释】

〔1〕蓼（liǎo）洲周公：周顺昌，字景文，号蓼洲，明吴县（江苏苏州）人。

〔2〕望：农历每月的十五日。

〔3〕缇骑（tí jì）：古代当朝贵官的前导和随从的骑士。明时用以称专门侦察、逮捕人犯的禁卫吏役。

〔4〕溷（hùn）藩：厕所。

〔5〕大阉：指魏忠贤。

【译文】

这五个人，是在蓼洲周公（周顺昌，号蓼洲）在苏州被逮捕时，激于义愤而被杀害的。到现在，吴郡贤明的士大夫向地方当局求请，就清理了大权阉魏忠贤废祠的原址安葬了他们，并在墓门前立了一块石碑，以表彰他们的义举。唉，这也算隆盛的了啊！

这五个人的死，到现在堆坟安葬他们，仅只有十一个月的时间罢了。在这十一个月当中，大概富贵的人、意气昂扬志得意满的人因病而死，死后便从此泯灭不值得说起的人，也很多啊，何况是乡野之中默默无闻的人呢？惟独这五个人声名显耀，被人们怀念，这是什么原因呢？

我还记得周公被逮捕的时间，是在明熹宗丁卯年（天启七年，实为丙寅年；天启六年，公元1662年）三月十五日。我们复社中那些品行可以为读书人先导的人，为他宣传正义，募集财物，为他组织送行，哭声震天动地。逮捕他的锦衣卫官校手按剑柄，走到送行的民众面前，气势汹汹地喝问道："谁在为他哀哭！"民众再也不能忍受了，就把官校打倒在地。当时以御史中丞任江苏巡抚的毛一鹭，是魏忠贤的私党，周公被捕就是由他指使的，苏州人民当时对他十分痛恨。因此，趁他厉声呵斥的时候，就一哄而起追打他，中丞躲藏在厕所中才得以脱逃。事后他就以苏州市民聚众闹事的罪名，向朝廷做了汇报，处死了为首的五个人。这五个人是：市民颜佩韦、杨念如、马杰、沈扬及周顺昌的轿夫周文元，也就是现在一块安葬在墓中的人。

这五个人在临刑的时候，意气扬扬，叫骂着中丞的名字，从容就义。他们的头颅悬挂在城门上，面色没有一点改变。有几位贤明的士大夫拿出五十两银子，买了五人的头颅放在盒子里，最终与尸体相合。所以现在墓中是完整的五个人。

唉！在权阉魏忠贤当政的时候，做官的人不改变自己节操的，天下之大，又能有几个人呢？而这五个人出生于平民之中，平常没有接受过经书的训戒，却能在关键时刻激昂慷慨，大义凛然，身陷死地而不顾惜自身，这是什么原因呢？并且当时权阉伪造的诏书纷纷下达，受牵连而被捕的人到处都是，最后却因为我们苏州民众的发愤抗击，不敢再搞株连究治之术，魏忠贤也因此犹疑畏惧，慑于大义，企图篡位的阴谋，不敢贸然发起。待到圣明的崇祯皇帝即位，他就在路上上吊自杀，这不能说不是这五个人的力量吧！

由此看来，如今那些身居高官要职的人，一旦刑律及身，有的便脱身逃跑，不能被远近的人所接纳；有的就削发为僧，闭门不出，或者假装疯癫，而不知该到哪里去，这种可耻的行为和卑贱的人格，与这五个人的死相比，轻重到底会怎么样呢？因此，蓼洲周公的忠义显露于朝廷，被赠予美好尊贵的谥号，荣耀于身死之后；而这五人也能得以增高他们的坟墓，姓名被刻于大堤之上，凡是从全国各地来的人，没有不到他们的墓前下拜哭泣的，这确实是百世难遇的盛事啊！否则，让这五人保全他们的头颅而老死家中，虽然可以活满自己的寿数，而使人们都可以把他们当作奴仆使用，那么，又怎么能使英雄豪杰拜倒脚下，在墓前扼腕痛惜，抒发他们那种有志之士的悲痛感情呢？因此，我和同社的各位先生哀怜他们的墓前徒有墓碑而写下了这篇碑记，也想通过它来说明死与生的伟大意义，平民百姓的死对国家大事所发挥的重要作用。

前边所说的贤士大夫是：太仆寺卿吴默，字因之；翰林院编修文震孟，字文起；姚希孟，字孟长。